Religião

CONSELHO EDITORIAL DE FILOSOFIA

Maria Carolina dos Santos Rocha (Presidente) Professora e Doutora em Filosofia Contemporânea pela École Spéciale d'Architecture (ESA)/Paris e Universidade Federal do Rio Grande do Sul (UFRGS)/Brasil. Mestre em Filosofia pela Universidade Católica de Louvain (UCL) e em Sociologia pela Escola de Altos Estudos em Ciências Sociais (EHESS)/Paris.

Fernando José Rodrigues da Rocha Doutor em Psicolinguística Cognitiva pela Universidade Católica de Louvain, Bélgica, com pós-doutorados em Filosofia nas Universidades de Kassel, Alemanha, Carnegie Mellon, EUA, Católica de Louvain, Bélgica, e Marnela-Valle, França. Professor Associado do Departamento de Filosofia da Universidade Federal do Rio Grande do Sul.

Nestor Luiz João Beck Doutor em Teologia pelo Concordia Seminary de Saint Louis, Missouri, EUA, com pós-doutorado em Teologia Sistemática no Instituto de História Europeia em Mainz, Alemanha. Bacharel em Direito. Licenciado em Filosofia. Bolsista da Fundação Alexander von Humboldt, Alemanha.

Roberto Hofmeister Pich Doutor em Filosofia pela Universidade de Bonn, Alemanha. Foi Professor Visitante na Universidade do Porto, Portugal, na Pontifícia Universidade Católica de Chile, na Universidade de Kassel Alemanha, e na Universidade de Bonn; com pós-doutorados em Filosofia na Universidade de Tübingen (Alemanha), por duas vezes na Universidade de Bonn e no Albertus-Magnus-Institut, na mesma cidade, e na University of Notre Dame (EUA). Bolsista de produtividade do CNPq (Nível 2) e membro assessor do Bureau da Société Internationale por l'Étude de la Philosophie Médiévale (SIE PM). Professor Adjunto da PUCRS.

S974r   Sweetman, Brendan.
           Religião : conceitos-chave em filosofia / Brendan Sweetman ; tradução: Roberto Cataldo Costa ; revisão técnica: Roberto Hofmeister Pich. – Porto Alegre : Penso, 2013.
           182 p. ; 23 cm.

           ISBN 978-85-65848-26-8

           1. Filosofia – Religião. I. Título.

           CDU 1

Catalogação na publicação: Ana Paula M. Magnus – CRB 10/2052

Religião

CONCEITOS-CHAVE EM FILOSOFIA

Brendan Sweetman
Professor no Departamento de Filosofia
da Rockhurst University, Estados Unidos

Tradução:
Roberto Cataldo Costa

Consultoria, supervisão e revisão técnica desta obra:
Roberto Hofmeister Pich
*Professor Adjunto da Pontifícia Universidade Católica
do Rio Grande do Sul (PUCRS).
Doutor em Filosofia pela Universidade de Bonn, Alemanha.*

2013

Obra originalmente publicada sob o título *Religion – Key Concepts in Philosophy*
ISBN 9780826486271

Copyright © 2007.

Published by The Continuum International Publishing Group.
This translation is published by arrangement with Bloomsbury Publishing Plc.

Gerente editorial
Letícia Bispo de Lima

Colaboraram nesta edição

Coordenadora editorial
Cláudia Bittencourt

Capa
Paola Manica

Imagem da capa
©iStockphoto.com/Iakov Kalinin, 2009: Road in deep forest

Preparação de originais
Jonas Stocker

Leitura final
Camila Wisnieski Heck

Editoração
Armazém Digital® Editoração Eletrônica – Roberto Carlos Moreira Vieira

Reservados todos os direitos de publicação, em língua portuguesa, à
PENSO EDITORA LTDA., uma empresa do GRUPO A EDUCAÇÃO S.A.
Av. Jerônimo de Ornelas, 670 – Santana
90040-340 Porto Alegre RS
Fone: (51) 3027-7000 Fax: (51) 3027-7070

É proibida a duplicação ou reprodução deste volume, no todo ou em parte,
sob quaisquer formas ou por quaisquer meios (eletrônico, mecânico, gravação,
fotocópia, distribuição na Web e outros), sem permissão expressa da Editora.

SÃO PAULO
Av. Embaixador Macedo Soares, 10.735 – Pavilhão 5
Cond. Espace Center – Vila Anastácio
05095-035 – São Paulo – SP
Fone: (11) 3665-1100 – Fax: (11) 3667-1333

SAC 0800 703-3444 – www.grupoa.com.br

IMPRESSO NO BRASIL
PRINTED IN BRAZIL

Para Curtis Hancock

Sumário

1. INTRODUÇÃO: A QUESTÃO DE DEUS 9
   A sua visão de mundo é razoável? 11
   Um pouco de terminologia 12
   Fé e razão 18

2. PRIMEIRA CAUSA E DESÍGNIO 22
   O argumento cosmológico kalām 24
   A versão de São Tomás de Aquino do argumento cosmológico 31
   O argumento teleológico 37
   O argumento antrópico do desígnio 49

3. ENTE NECESSÁRIO, MORALIDADE E MILAGRES 53
   O argumento ontológico 53
   Deus e moralidade 61
   O argumento baseado nos milagres 68

4. COMO É DEUS? 73
   A visão clássica de Deus 74
   Questionamentos à visão clássica 78
   A onipotência de Deus 80
   A onisciência de Deus 83
   Uma observação sobre a visão oriental de Deus 87

5. DEUS E O MAL 89
   O mal e o problema do mal 90
   Os problemas do mal: lógico, evidencial, existencial 91
   A versão evidencial do problema do mal 93
   Respostas teístas: a defesa baseada no livre-arbítrio 96
   Explicando o mal dentro do teísmo 98
   As teodiceias agostiniana e irineana 99

6 A EXPERIÊNCIA RELIGIOSA E DEUS 106
    O que é uma experiência religiosa? 106
    Dois tipos de argumento a partir da experiência religiosa 108
    O argumento contemporâneo: epistemologia reformada 110
    John Hick sobre a experiência religiosa 118

7 RELIGIÃO E CIÊNCIA 124
    O caso Galileu 127
    Ateísmo, naturalismo e ciência 130
    A teoria da evolução 132
    As evidências da evolução 136
    Evolução, religião e criacionismo 137
    A evolução é uma ameaça à crença religiosa? 142
    Alma, mente e imortalidade 146

8 DIVERSIDADE RELIGIOSA: HÁ UMA RELIGIÃO VERDADEIRA? 153
    Exclusivismo religioso 157
    Pluralismo religioso 161
    Inclusivismo religioso 165

NOTAS 169
GUIA PARA OUTRAS LEITURAS 176
ÍNDICE 178

1
Introdução: a questão de Deus

A religião é um assunto fascinante, como concordará mesmo quem não é religioso. Evoca o reino do transcendente que parece apelar a todos nós, porque somos seres humanos finitos; aponta ao infinito e oferece uma maneira de se chegar a um entendimento dos vários mistérios da existência humana. A crença em Deus (ou em uma Realidade Suprema) e na vida após a morte geralmente é uma parte importante da visão religiosa de mundo, assim como a oração, diversas práticas ritualísticas e uma determinada perspectiva da moralidade. Além disso, a visão de mundo religiosa, em suas várias formas, tem sido incrivelmente influente na história. A grande maioria das pessoas que já viveram ou vivem teve e tem fé, e as visões religiosas, pelo menos até pouco tempo, moldaram decisivamente nossa abordagem sobre moralidade e sociedade, direito e política. A visão religiosa de mundo e da vida humana tem sido predominante na história. Muitas pessoas descobriram nela uma filosofia de vida extremamente profunda, satisfatória e realizadora, apesar dos vários problemas, erros, pecados e abusos muito evidentes no decorrer da história da religião.

No entanto, a religião foi alvo de muitas críticas, de várias origens, tanto no passado quanto, principalmente, no mundo contemporâneo. Essas críticas são de dois tipos. Primeiro vêm as críticas a crenças, doutrinas e ensinamentos específicos de determinadas religiões, como a crítica à posição da Igreja Católica sobre a ordenação de mulheres ou à ênfase do protestantismo na centralidade da Bíblia. Porém, em segundo lugar, também há críticas mais fundamentais. Alguns argumentaram que a visão religiosa do mundo em geral não é racional, que nenhuma pessoa razoável, educada, esclarecida, principalmente no mundo moderno, deve aceitar essa visão de mundo, apoiá-la publicamente ou tentar influenciar a sociedade de acordo com ela. Essa crítica se baseia, em particular, na alegação de que Deus não existe, e, assim, todas as religiões, não importando o quanto possam ser antigas ou influentes, estão, em certo sentido, fundamentalmente equivocadas. E, como Deus não existe, a maior parte das crenças doutrinárias da maioria das religiões também estaria equivocada em um sentido importante. A religião, esse argumento prossegue, pode ter valor prático como forma de proporcionar conforto às pessoas, talvez para lidar com a realidade ou organizar e motivar as pessoas a fazer o bem, mas não se baseia na verdade factual e pode ser até perigosa para a humanidade a longo prazo. Esse segundo tipo de crítica – de que a visão religiosa de mundo é equivocada em termos gerais – é um dos nossos principais interesses neste livro ao explorarmos os principais problemas, questões e temas envolvidos em qualquer análise filosófica da crença religiosa.

Essa abordagem crítica moderna pôs o crente religioso de hoje na defensiva, apesar de a esmagadora maioria das pessoas permanecer tendo fé religiosa. No entanto, atualmente há tendência a questionar as crenças religiosas de uma pessoa de maneira com que talvez não se questionassem as crenças de um secularista ou de um marxista, por exemplo. Pode-se discordar de um secularista ou de um marxista, é claro, não apenas em uma ou duas questões, e sim rejeitando essa visão de mundo como um todo, mas não chegar a dizer que a visão de mundo secularista ou marxista não é racional, que nenhuma pessoa razoável deveria ter uma visão de mundo secularista, que essa visão é uma superstição irracional e não é digna de ter influência na sociedade. Mas é assim que mais e mais pessoas no mundo moderno veem a crença religiosa. Sem dúvida, para alguns, essa atitude não é bem pensada, deve-se à pressão dos pares ou talvez seja motivada pelo contexto cultural e, portanto, por todas essas razões, pode ser descartada. Entretanto, há uma tendência no mundo de hoje a colocar um ponto de interrogação na visão religiosa de mundo de uma forma que deixa os crentes na defensiva, ao passo que, na maior parte da história, eles estavam na ofensiva! Podemos ver essa tendência representada de diversas formas: um crente pode relutar em se referir a suas crenças religiosas na discussão pública de uma questão moral profunda; os veículos da grande mídia podem ignorar rotineiramente a abordagem religiosa quando se discutem as questões atuais; governos podem não incentivar a contribuição religiosa em debates sobre suas várias políticas;

crenças religiosas e valores podem ter influência geral menor nas vidas cotidianas das pessoas.

Tudo isso traz ao primeiro plano a questão da racionalidade da crença religiosa, mais especificamente, a racionalidade da crença em Deus e da visão de mundo religiosa, e também a questão de como a racionalidade dessa crença se compara com a racionalidade de outras visões de mundo que competem com ela, principalmente o secularismo. O objetivo deste livro é explorar esses temas do ponto de vista do que os filósofos têm a dizer sobre eles e, ao fazê-lo, explorar as muitas perguntas e questões relacionadas que estão envolvidas em qualquer discussão sobre os conceitos fundamentais da crença religiosa.

A SUA VISÃO DE MUNDO É RAZOÁVEL?

A maioria das pessoas que estão lendo este livro provavelmente é religiosa; algumas, sem dúvida, são ateias ou secularistas. Há uma pergunta sobre a qual eu gostaria que você pensasse nesta parte do livro – seja você religioso ou ateu – e da qual, por vezes, descuidamos em função das pressões da vida moderna: a sua visão de mundo é razoável? A visão de mundo com que você e, talvez, sua família concordam, ou com base na qual você constrói sua família – essa visão de mundo, em suma, pela qual você regula suas crenças, valores e comportamentos –, é uma visão de mundo razoável? E, igualmente importante, como você a defenderia ou argumentaria em favor dela se fosse provocado a fazê-lo por alguém que a rejeitasse por considerá-la irracional?

Essa é uma pergunta com que os membros de *todas* as visões de mundo devem se preocupar, e também é uma questão que os crentes religiosos, em particular, muitas vezes tendem a menosprezar ou mesmo ignorar. Estes, às vezes, têm-se preocupado mais com vivenciar e promover sua visão de mundo do que refletir sobre a razoabilidade dela ou sobre as diferenças entre ela e as outras visões de mundo em termos de racionalidade geral. Mas os filósofos da religião geralmente insistem em que a pessoa *deve* se preocupar com a racionalidade de sua visão de mundo, que esse assunto é de grande importância, principalmente se a pessoa vive de acordo com essa visão e propõe que os outros também o façam, pelo menos em parte. Não é necessário, é claro, que cada membro de determinada religião seja capaz de defender a sua visão de mundo com sofisticação filosófica ou teológica. Essa seria uma expectativa fora da realidade.

A maioria das pessoas não tem tempo, formação nem segurança para assumir essa tarefa, mas é necessário que *alguém* em uma determinada tradição religiosa – filósofos, intelectuais e outras pessoas interessadas – seja capaz de fazer alguma tentativa de explicar por que aquela visão de mundo específica é razoável.

Eu gostaria de ilustrar essa questão com o exemplo da Abominable Snowman Worship Society, uma sociedade que presta culto ao Abominável Homem das Neves. Os membros dessa sociedade querem que você seja membro do grupo e podem lhe fazer condições especiais, porque, seguindo as boas práticas empresariais do Ocidente, você veio na semana de recrutamento, na qual há uma oferta especial! Contudo, ao participar de sua primeira reunião (exploratória) na Sociedade, você provavelmente irá querer saber por que os membros adoram o Abominável Homem das Neves. Mas suponha que ninguém no grupo consiga responder a essa pergunta, que ninguém jamais tenha pensado nela de verdade, que ninguém esteja mesmo interessado nela e que, para ser bem sincero, essas pessoas não querem ter no grupo qualquer pessoa que levante essa pergunta! Tudo isso iria deixá-lo questionando se a crença e o culto ao Abominável Homem das Neves são racionais, e você provavelmente recusaria o convite para participar. O mesmo acontece, eu afirmo, com *qualquer* visão de mundo. A questão da racionalidade de uma visão é essencial para saber se as pessoas devem aceitá-la, praticá-la, considerá-la respeitável em comparação com outras, e se podemos contribuir aos debates públicos com base nessa visão de mundo. É necessário que alguém de cada visão de mundo se preocupe com a racionalidade dessa visão e preste muita atenção às razões e provas para sustentá-la, mesmo que a maioria não o faça. E aqueles que prestam atenção a essa questão podem ajudar a formular e defender a visão para benefício de outras pessoas que a apoiem, bem como para quem é de fora.

UM POUCO DE TERMINOLOGIA

Antes de avançar nas principais questões do livro, será útil esclarecer alguns termos e conceitos fundamentais, para que tenhamos claro do que se está falando. Minha abordagem à tarefa de explorar os conceitos fundamentais da crença religiosa se baseia em um exame da questão recém-mencionada sobre se a *visão religiosa do mundo* é razoável ou não. Mas o que queremos dizer com visão religiosa do mundo? Nossa resposta a essa pergunta também servirá como nossa definição de religião. A religião já foi definida de muitas formas, e muitas dessas definições se sobrepõem, como era de se esperar. Alguns pensadores oferecem uma definição ampla; outros, uma mais restrita. O teólogo norte-americano Vergilius Ferm definiu a religião da seguinte maneira: "Ser religioso é realizar, de alguma forma [...] um ajuste vital a tudo a que se reage ou se considera implícita ou explicitamente digno de preocupação séria e mais profunda". O filósofo norte-americano William James chamou a atenção para uma dimensão moral quando definiu a religião como "a crença de que há uma ordem não vista, e que nosso bem supremo reside em se ajustar harmoniosamente a ela". Ninian Smart apresenta uma definição mais elaborada: a religião é "um conjunto de rituais institucionalizados, com tradição, e que expressam e/ou evocam sentimentos sacros dirigidos a um foco divino ou transdivino, visto no contexto do ambiente fenomenológico humano e, pelo menos, parcialmente descrito por mitos ou por mitos e doutrinas".[1] É óbvio que é difícil obter uma definição que funcione, que capte todos os aspectos importantes que são exclusivos da visão de mundo religiosa, mas essas são definições interessantes que nos dão uma noção das características de que precisamos para termos uma ideia geral funcional sobre o que é a religião.

Nossa definição só precisa incluir os pontos principais sobre a visão religiosa da realidade; não precisamos de uma definição exaustiva que cubra todos os tipos de religião e atividade religiosa. Assim, a *religião* pode ser entendida como um sistema (geralmente) complexo de crenças (sobre a realidade, a pessoa humana e a moralidade) que regulam a vida (influenciam o modo como vivemos), que são expressas em certos tipos de rituais e práticas, e que se baseiam, em grande parte, na crença em uma realidade sagrada e transcendente (invisível). Geralmente, há uma crença em Deus ou pelo menos em um Ser Supremo de algum tipo, que criou toda a vida, e também uma crença em vida após a morte que é significativamente melhor do que esta e que muitas vezes é nosso destino final. As religiões também costumam defender que os seres humanos consistem em corpo e alma, e que duas das nossas qualidades mais importantes são o nosso intelecto (capacidade de raciocínio) e nosso livre-arbítrio (somos agentes morais). A maioria das religiões também aceita que é possível se comunicar com Deus por meio da oração. Esse é o sentido que darei à palavra religião, ou a visão religiosa de mundo, neste livro.

Meu objetivo principal é discutir as questões que normalmente surgem sobre a razoabilidade dessa forma de encarar a realidade. Não estou tão interessado em investigar diferenças doutrinárias ou morais específicas entre as várias denominações religiosas, embora discuta algumas delas no capítulo sobre pluralismo religioso. Porém, em termos gerais, quero investigar algumas questões filosóficas básicas sobre a crença religiosa: Deus existe? Qual é a natureza de Deus? Por que Deus permite o mal? O que é uma experiência religiosa? A religião e a ciência são compatíveis ou estão essencialmente em conflito (como alguns acreditam)? A teoria científica da evolução é uma evidência contrária à existência de Deus? O que devemos entender do fato de existirem muitas religiões diferentes no mundo? Essas são as principais perguntas que os filósofos fazem sobre religião. Depois de se ter formulado uma abordagem para respondê-las, pode-se começar a pensar filosoficamente sobre questões específicas de doutrina e as várias diferenças e divergências entre as denominações religiosas específicas. Mas esta última não é tarefa deste livro.

Abordarei essas questões principalmente a partir do ponto de vista do teísmo clássico. O *teísmo clássico* é a visão tradicional de Deus encontrada na maioria das religiões ocidentais e também em algumas orientais. Remonta, pelo menos, a Platão e Aristóteles e era totalmente dominante na Idade Média, chegando até a época moderna. Ele sustenta que Deus existe como ser transcendente, acima e além do mundo, que é onisciente, onipotente e onibenevolente, que criou o mundo e toda a vida segundo um plano determinado, que tudo o que existe depende de Deus e que ele não pode mudar, entre outras crenças importantes. As religiões do judaísmo, do cristianismo e do islamismo, em geral, têm essa visão de Deus. O teísmo clássico *é monoteísta*, o que significa que seus proponentes sustentam que só existe um Deus. Essa tem sido a visão predominante na cultura ocidental, com o *politeísmo* – a visão de que existem vários deuses – sendo mais comum no Oriente. Em nossas discussões neste livro, vamos abordar inicialmente as várias questões que estamos analisando – como a existência ou não de Deus – do ponto de vista do teísmo e do monoteísmo clássicos, mas também vamos examinar outras abordagens (principalmente no capítulo sobre a natureza de Deus, no qual exploraremos detalhadamente vários pontos de vista sobre Deus). Como mencionado, eu gostaria de enfatizar perguntas mais gerais que os filósofos fazem sobre religião, sobretudo as principais: Deus existe? A crença religiosa, em geral, é uma visão racional de mundo? Os filósofos estão mais interessados em perguntar se a visão religiosa do mundo em geral é razoável ou não, em vez de examinar controvérsias doutrinárias específicas entre as religiões (embora isso venha mudando um pouco nos últimos tempos).

Abordarei as questões do livro principalmente a partir de uma perspectiva ocidental, já que é a perspectiva com a qual estou mais familiarizado e me sinto mais confortável, e provavelmente é o ponto de vista da maioria dos leitores. Não obstante, a perspectiva oriental, principalmente no que é diferente e contrastante, não será ignorada, e vou me referir a ela de tempos em tempos.

Ao fazermos perguntas destinadas a examinar a visão religiosa de mundo, também será útil ter em mente, de modo geral, esta visão que hoje é mais crítica da crença religiosa, a visão de mundo do *secularismo*. É verdade que o secularismo atualmente é uma visão de mundo relevante na cultura moderna e um fator importante em questões sociais, morais e políticas, bem como no debate cultural que define o futuro da sociedade. O *secularismo* é a visão segundo a qual toda a realidade é de natureza física e consiste em alguma configuração da matéria e da energia, e que a ciência é a chave para compreender essa realidade (às vezes, essa visão também é chamada de *naturalismo* pelos filósofos). Na segunda metade do século XX, essa visão passou a ser apresentada como uma tese positiva, ou seja, o secularista não começa dizendo que Deus não existe, e sim fazendo essas afirmações positivas sobre a realidade. A visão de que Deus, alma e vida após a morte não existem é consequência dessas afirmações, ou é concluída a partir delas. Os secularistas afirmam que o universo e toda a vida na Terra, inclusive a vida humana, são ocorrências aleatórias. Eles também acreditam que precisamos de explicações da moralidade e da política, e que a visão de mundo secularista deve ser a principal influência sobre a sociedade ao avançarmos no século XXI. Para efeitos do debate geral entre religião e secularismo, também precisamos considerar o secularismo como uma maneira geral de ver o mundo, ao mesmo tempo que reconhecemos que existem muitos tipos diferentes de secularismo, cada um com seus próprios defensores, temas e ênfases.

Ao identificar de antemão a visão de mundo secularista, quero chamar a atenção para a questão central de que muitos dos temas da filosofia da religião devem ser entendidos atualmente *no contexto* de um debate entre as visões de mundo religiosa e secularista. Isso porque, se a visão religiosa acaba por não ser verdadeira ou não ser razoável, *alguma outra visão* deve ser verdadeira ou mais razoável, e geralmente se supõe que seja a visão secularista. Assim, qualquer crítica feita à visão de mundo religiosa de hoje deve ser considerada cada vez mais como uma afirmação de que a visão secularista é a *correta*. Isso significa que precisamos levar em conta as alegações e os argumentos secularistas mesmo quando debatemos a racionalidade da crença religiosa. Essa também é uma questão crucial quando estamos examinando a racionalidade da nossa visão de mundo e suas diferenças para com outras visões de mundo que estão competindo com as nossas no âmbito *político* em uma sociedade pluralista.

Antes de concluir esta parte, há vários conceitos cujo esclarecimento seria útil. O termo *teísta* é usado por muitos filósofos da religião para descrever alguém que acredita em Deus (da palavra grega para Deus, *theos*). A *filosofia da religião* pode ser definida como a tentativa feita por filósofos de investigar a racionalidade das afirmações religiosas básicas. Geralmente, mas nem sempre, os filósofos da religião têm crenças religiosas. É por isso que a filosofia da religião difere da *apologética*, que pode ser entendida como a tentativa de defender as afirmações de uma determinada religião, incluindo as afirmações doutrinárias, contra objeções intelectuais apresentadas por pessoas de fora. É claro que há alguma sobreposição, mas uma maneira de mantê-las distintas é lembrar que um filósofo da religião pode ser ateu, mas o apologista de uma determinada religião normalmente não o seria. Tampouco filosofia da religião é o mesmo que teologia. A *teologia* é uma disciplina que geralmente *pressupõe* a razoabilidade de uma determinada tradição religiosa e, talvez, a confiabilidade de alguns textos religiosos. Os teólogos evangélicos, por exemplo, pressuporiam que a visão de mundo cristã é razoável e que a Bíblia é um texto de autoridade religiosa, e trabalhariam dentro desse quadro. Já a filosofia da religião tenta não considerar coisa alguma como inquestionável no início da investigação (principalmente o que for controverso) e procura abordar as questões fundamentais da religião a partir do zero, por assim dizer, para ver o que se pode alcançar ao se refletir sobre essas questões somente pelo raciocínio filosófico.

Também é interessante distinguir as várias formas de ateísmo. Meu antigo professor de literatura costumava fazer uma distinção entre o ateu de igreja e o ateu de Deus. O *ateu em relação à igreja* é uma pessoa que, quando se pergunta, diz que não acredita em Deus, mas, examinando-o mais de perto verifica-se que seu verdadeiro problema é com sua igreja. Ele pode expressar isso dizendo coisas como "bom, eu não gosto do código moral da minha religião", "eu não suporto os bispos" ou "não fale de religião comigo". Ele não tem bem clara, em sua própria mente, a distinção entre rejeitar a crença em Deus e rejeitar ou estar insatisfeito com a sua própria denominação religiosa – uma distinção que todos reconhecemos em teoria, mas que costumamos esquecer quando se trata de prática religiosa. Esse tipo de ateu deve ser diferenciado do ateu de Deus. O *ateu de Deus* é alguém que realmente não acredita em Deus, que acha que Deus não existe. Ele não está cometendo o erro de confundir insatisfação com sua igreja específica com uma descrença em Deus. É provável que muitas pessoas que soam como ateias de Deus sejam realmente ateias de igreja, mesmo que não se deem conta (principalmente as que tenham-se afastado de sua religião de nascimento). Nossa preocupação neste livro não é com o ateísmo em relação à igreja, mas com o ateísmo em relação a Deus.

Isso nos leva a uma distinção importante entre *ateísmo negativo* e *ateísmo positivo*, a qual se coaduna com a discussão feita anteriormente sobre laicidade e naturalismo. Até o século XX, o ateísmo era quase sempre apresentado como uma tese ou posição negativa. Era negativa de três maneiras. Primeiro, o ateu definia sua visão em termos do que ela não era, em vez de em termos de o que era. Assim, no passado, ao ser questionado sobre em que acreditava, o ateu poderia dizer que achava que Deus não existia, que rejeitava a moral religiosa ou que não seguia os ensinamentos de sua religião – todas afirmações sobre aquilo em que não acredita, e não sobre suas crenças. Em segundo lugar, muitas vezes ele se considerava negativamente do ponto de vista psicológico, porque costumava estar em minoria e, talvez, não pudesse evitar ver sua identidade em termos *do que não era* (um crente religioso), e não em termos do que era (ateu)! Terceiro – e este é o mais importante –, o ateu também *defendia* o seu ponto de vista de forma negativa, atacando a religião e os argumentos para a fé religiosa, e o fazia em vez de apresentar argumentos positivos em favor do ateísmo.

No entanto, no século XX, tudo isso mudou, o que marca a transição geral do ateísmo negativo ao *ateísmo positivo* (ou secularismo). Os ateus perceberam que era necessária uma abordagem mais cultivada. Originalmente, eles eram como cientistas que defendiam a teoria do *Big Bang* sobre a origem do universo constantemente atacando a teoria do estado estacionário. Com o tempo, esses cientistas tiveram que decidir a respeito daquilo em que acreditavam com relação à origem do universo (no sentido positivo) e começar a defender a teoria do *Big Bang* com provas positivas, e não apenas atacando seus rivais. Hoje, é muito mais provável que um secularista apresente o secularismo como uma tese positiva que identifica aquilo em que ele acredita, e não aquilo em que não acredita. Como mencionado, os secularistas dirão que acreditam que a vida humana seja resultado de um processo puramente aleatório, naturalista (evolução), e que toda realidade seja física. E, muito importante, a sua defesa dessas reivindicações não consiste atualmente apenas em atacar os argumentos em defesa da crença religiosa: eles tentam oferecer argumentos positivos que justifiquem essa opinião. Onde vão obter esses argumentos? Como muitos pensadores que lutam para formular uma posição, recorrerão ao que estiver disponível no momento para ajudá-los com seus argumentos, e muitos deles recorreram à ciência moderna, principalmente evolução, genética e neurologia. Tudo isso gerou a impressão, em grande parte da cultura popular, de que a ciência moderna está realmente do lado do ateísmo. Isso não é verdade e é uma questão que retomaremos em várias das discussões a seguir.

FÉ E RAZÃO

Nos Estados Unidos, mas nem tanto em outros países, é muito comum usar o termo "fé" para descrever a crença religiosa, mas ele pode ser muito enganador. A palavra "fé" tem conotações inadequadas, principalmente hoje, e pode ser usada para configurar uma distinção um pouco artificial entre fé, de um lado, e razão, de outro. O termo costuma trazer consigo a conotação de que as crenças religiosas estão fora da razão ou que os crentes religiosos não estão interessados na racionalidade de seus pontos de vista, ou, pior do que tudo, que as crenças religiosas não são sequer razoáveis. É assim que os secularistas podem usar o termo muitas vezes, mas ele também pode ser usado dessa forma pelos próprios crentes religiosos.

Do ponto de vista da filosofia da religião, o sentido mais importante do termo é o sentido cognitivo ou propositivo, que se refere a ter uma crença cuja evidência é menos de 100% certa ou definitiva. As crenças religiosas envolvem proposições sobre Deus, sobre a relação de Deus com o mundo e os seres humanos, sobre moralidade, entre muitas outras. O crente religioso não pode provar que essas proposições são verdadeiras, no sentido de oferecer uma prova científica ou de apresentar provas decisivas para elas, mas pode, pelo menos, tentar mostrar que acreditar nelas é *racional*. Esse é o uso mais adequado do termo "fé" em filosofia da religião e indica a melhor compreensão da relação entre fé e razão. Um crente religioso baseia muitas coisas na fé, mas espera que seja uma *fé racional* (e não uma fé irracional), e o trabalho da filosofia da religião, entre outras coisas, é tentar investigar a racionalidade da crença religiosa.

A partir dessa compreensão do termo "fé", todas as visões de mundo – religiosas ou seculares – envolvem fé nesse sentido cognitivo. Ou seja, todas as visões de mundo têm crenças sobre a natureza da realidade, a natureza da pessoa humana e a natureza da moralidade, com as quais os adeptos da visão de mundo se comprometem, mas que não podem provar decisivamente. Embora se possam sustentar algumas dessas crenças com argumentos e provas racionais, ainda é necessário se *comprometer* com elas, uma vez que quaisquer argumentos que tenhamos ficarão aquém da prova, em função do assunto envolvido.

O tema das visões de mundo, que envolve os três assuntos mencionados, não admite prova científica. Isso vale para todas as visões de mundo, as secularistas e as religiosas. Então, se alguém aceita várias crenças sobre a natureza da realidade, da pessoa humana ou da moralidade, essa aceitação implica um compromisso com essas crenças: um *movimento da vontade*, bem como do intelecto. Então, na verdade, um crente religioso e um secularista estão no mesmo barco, nesse sentido – uma questão que é negligenciada com frequência. Somos, muitas vezes, inclinados simplesmente a aceitar como verdadeira, sem dar muita atenção, a ideia de que apenas a crença religiosa envolve fé, e não o secularismo. Mas agora que o secularismo é uma visão de mundo positiva em si e um fator de grande valor cultural a se potencializar, já não se deve ignorar que ele é uma visão de mundo com muitas crenças controversas que são objeto de debate polêmico e que seus adeptos aceitam muitas dessas crenças, pelo menos parcialmente, *com base em fé*.

Na verdade, talvez precisemos de uma definição mais ampla de filosofia da religião para o mundo moderno. Pode já não ser apropriado vê-la simplesmente como uma subdisciplina que investiga apenas a racionalidade da crença religiosa. Isso porque há um sentido no qual investigar essa questão atualmente também significa, *automaticamente, investigar a racionalidade do secularismo*. Uma vez que se reconheça que o secularismo é hoje uma visão de mundo positiva, no sentido descrito anteriormente, com suas teses e argumentos positivos, isso parece mudar nossa compreensão do que está envolvido na filosofia da religião. Ao se questionar, por exemplo, se é racional acreditar em Deus, também se está automaticamente perguntando se é racional não acreditar em Deus – o que significa simplesmente perguntar se é racional acreditar que toda a realidade é física, uma crença fundamental do secularismo. Isso confirma o argumento que apresentei antes de que a maioria das questões fascinantes de hoje deve ser discutida contra o *pano de fundo* do debate sobre a racionalidade do secularismo *versus* a racionalidade da crença religiosa, e não apenas em relação a saber se o crente religioso é razoável ou não!

O filósofo medieval Santo Anselmo disse que sua motivação ao investigar a racionalidade da crença religiosa era *fides quaerens intellectum*, a fé buscando o entendimento. Anselmo e outros filósofos reconheceram que, embora exista um grau de fé envolvido no compromisso com as reivindicações religiosas, a razoabilidade dessas afirmações ainda é importante, e o crente inteligente e de visão filosófica deve abordar o assunto. Esses filósofos não estavam satisfeitos com manter o ponto de vista de que, como suas crenças religiosas eram uma questão de fé, não havia necessidade nem espaço para uma discussão racional a respeito delas. Eles estavam muito comprometidos com a disciplina da filosofia como forma de questionar, esclarecer e sustentar as principais crenças e conceitos da visão de mundo religiosa. E, assim, pensadores cristãos como São Tomás de Aquino estenderam essa maneira de pensar para incluir o estudo dos pontos de vista de estudiosos de outras culturas, muitos dos quais não eram cristãos, bem como o estudo da ciência. Os filósofos medievais e, mais tarde, religiosos, ficaram muito impressionados com o argumento de Santo Agostinho de que "toda a verdade é uma só", a visão de que muitas áreas de estudo, incluindo a ciência, podem descobrir verdades sobre diversas áreas da vida e que a crença religiosa, para ser racionalmente fundamentada, deve procurar receber e acomodar essas verdades. Se uma afirmação for estabelecida como verdade em uma disciplina, Agostinho disse, deve ser verdadeira em todas as disciplinas. Essa visão define a abordagem da filosofia da religião hoje e será assumida neste livro.

Assim, com esses pontos introdutórios em mente, trabalharemos muitas das questões estimulantes que são objeto da filosofia da religião. Faremos isso na companhia da obra de pensadores famosos, tanto do passado quanto do presente, que contribuíram para a nossa compreensão desses assuntos. Meu objetivo é familiarizar os leitores com as principais questões e as principais linhas de debate relacionadas vários aspectos, de uma forma que seja equilibrada, justa e historicamente informada. Meus próprios pontos de vista – sou teísta de tradição católica – virão à tona ocasionalmente, é claro, mas meu objetivo é apresentar os argumentos mais fortes em ambos os lados do debate, de forma que o leitor tenha uma compreensão global do tema, seja desafiado pelas questões filosóficas e capaz de fazer julgamentos informados. O livro se destina ao estudante e ao leitor em geral que estejam interessados em aprender mais sobre o que os filósofos têm a dizer sobre religião. Não se pressupõe nem se exige qualquer conhecimento prévio de filosofia. Também evitei usar vocabulário filosófico ou jargão técnico especializado. Outras leituras podem ser encontradas nas notas no final do livro e nas referências.

O que eu espero é que os leitores, principalmente os estudantes, sejam estimulados, durante esta jornada, a pensar por si mesmos sobre as grandes questões da crença religiosa e sejam inspirados a buscar uma abordagem filosoficamente rigorosa e historicamente informada. Espero que os leitores também sejam tomados pelo fascínio que dá origem às questões filosóficas e às religiosas, um fascínio sentido por muitos que se depararam com perguntas que talvez sejam as mais interessantes que existem.

Várias pessoas me ajudaram enquanto eu trabalhava neste livro. Sou muito grato, em particular, a Brian Davies, Edward Furton, Douglas Geivett e Curtis Hancock. Agradeço também à equipe da Continuum Books e aos editores da série *Conceitos-chave em filosofia*, por seu apoio e esforço. Por fim, gostaria de agradecer, acima de tudo, à minha família, por toda a sua ajuda e todo o seu incentivo enquanto eu trabalhava neste projeto. Sem o seu grande apoio e seu companheirismo, este livro não teria sido possível.

2
Primeira causa e desígnio

Este universo que todos chamamos de nossa casa é um lugar que inspira espanto. A maioria de nós considera a existência dele como algo dado e não se detém com frequência suficiente para refletir sobre o seu tamanho e a sua complexidade notáveis. O universo é composto de galáxias (a nossa se chama Via Láctea, e uma vizinha próxima é Andrômeda), cada galáxia tem milhares de anos-luz de diâmetro, e estima-se que haja 100 bilhões de galáxias com 1 bilhão de trilhões de estrelas. Quando se consideram esses fatos, bem como a natureza do espaço-tempo, a organização dos planetas, a natureza da vida, a existência de racionalidade, a existência da moralidade, a natureza da matemática e a existência de espiritualidade, é difícil não ficar impressionado, na verdade, quase ser conquistado, pela enormidade, a majestade e o mistério do nosso universo. Isso independe da visão de mundo que se tenha. A reflexão sobre a existência e a natureza do universo raramente deixa de provocar fascínio, espanto e curiosidade nas mentes dos seres humanos. Na verdade, se a pessoa passa qualquer tempo refletindo sobre o tipo de universo em que vivemos, é quase impossível que não pense sobre duas questões amplas. Em primeiro lugar, como o nosso universo chegou à situação em que está, de onde veio, teve uma causa, e qual é essa causa? Em segundo, o universo foi designado, tem um propósito, por que ele existe, há uma razão para que seja do jeito que é? E não é de admirar que os debates que lidam com essas duas questões estão entre os mais importantes considerados pelos filósofos em relação à existência de Deus ou de um Ser Supremo.

Neste capítulo, tentarei apresentar uma visão geral de dois dos principais argumentos oferecidos pelos filósofos religiosos para a existência de Deus – o argumento cosmológico e o argumento teleológico. O argumento cosmológico, mais popularmente conhecido como o argumento da primeira causa (da palavra grega *cosmos*, que significa "mundo"), e o argumento teleológico, mais popularmente conhecido como argumento do desígnio (da palavra grega *telos*, ou seja, "propósito"), fazem parte da teologia natural. A subdisciplina da teologia natural, dentro da filosofia da religião, examina quaisquer evidências da existência de Deus que possam ser encontradas no universo físico (incluindo o estudo da vida) e depois tenta chegar a alguma conclusão sobre se a existência ou não de Deus pode ser inferida a partir das evidências encontradas. A teologia natural, muitas vezes, chegou a uma conclusão positiva sobre esse assunto. É um empreendimento filosófico específico e, apesar do nome, não deve ser confundido com a disciplina da teologia, embora, obviamente, venha a ter implicações para esta, se o projeto for bem-sucedido em termos gerais.

Embora a teologia natural tenha sido praticada desde o surgimento do homem, às vezes há um debate sobre qual deve ser o seu objetivo. É necessário *provar* a existência de Deus, ou seria suficiente mostrar que a crença em Deus é *razoável*, considerando-se as evidências do mundo físico? Minha própria visão é que o objetivo da teologia natural deve ser o de mostrar que a crença em Deus é razoável e, talvez, se possível, mais razoável do que as alternativas, como sugeri no capítulo introdutório. Portanto, a questão das visões de mundo, como observei, é tal que é improvável que possamos oferecer provas do tipo científico sobre as principais crenças de nossa visão de mundo, religiosa ou secularista, mas é necessário tentar mostrar que as nossas crenças são, pelo menos, razoáveis, e já seria um bom avanço se o teólogo natural conseguisse demonstrar que a crença religiosa é razoável. Ocasionalmente, alguns teólogos naturais irão além, é claro, e afirmarão que a teologia natural pode provar a existência de Deus, independentemente de ela realmente precisar fazer isso, embora seja justo dizer que esse é um ponto de vista atualmente minoritário. Os argumentos para a existência de Deus ainda são chamados de "provas", mas, geralmente, com a compreensão de que o que é apresentado fica um pouco aquém do que às vezes se chama de prova "irrefutável". Tratemos primeiramente de algumas diferentes versões do argumento cosmológico, que, embora adotem a mesma abordagem básica, têm diferenças importantes.

O ARGUMENTO COSMOLÓGICO KALÃM

São Boaventura (1221-1274) foi contemporâneo de São Tomás de Aquino (1224-1274), e eles realizavam debates frequentes sobre teologia natural. Ambos tinham a mesma abordagem à questão da existência de Deus, mas diferiam na forma de elaborar o argumento. Examinaremos a abordagem de Boaventura nesta parte do livro, principalmente na forma como foi desenvolvida e modernizada pelo influente filósofo moderno da religião William Lane Craig. Voltaremos à versão do argumento de São Tomás na próxima seção. O argumento gerou muito interesse, na Idade Média, entre um grupo de filósofos que fazem parte da tradição kalãm em filosofia islâmica, e por isso passou a ser conhecido como o "argumento kalãm" (*kalãm* quer dizer "fala" em árabe).[1]

Boaventura e aqueles que compartilham a sua abordagem básica começam tomando qualquer evento no mundo físico, por exemplo, o rio Amazonas, e perguntando como ele foi causado. É importante especificar que eles não estão buscando o que os filósofos às vezes chamam de causa *local* do rio Amazonas, e sim a causa *última*. A causa local pode ser que a Idade do Gelo produziu água, e a chuva escavou o leito do rio, forneceu-lhe água e foi responsável por conectá-lo ao oceano. Esse é o tipo de causa que a ciência, em sua prática cotidiana, procuraria. Mas o filósofo quer saber a causa maior, a causa mais profunda, do rio Amazonas – como o rio chegou lá. Essa é uma pergunta muito mais difícil, é claro, mas perfeitamente razoável vinda de um ser humano curioso, talvez alguém que esteja começando a pensar sobre o universo de maneira mais profunda. Uma maneira óbvia de procurar a causa última é considerar algumas das causas anteriores que levaram ao rio Amazonas como resultado final. Assim, poderíamos dizer que a grande queda nas temperaturas na maior parte da superfície da Terra causou a Idade do Gelo, que essas baixas temperaturas foram provocadas por fortes ventos que varreram todo o planeta, que os ventos foram causados por gases na atmosfera da Terra, que os gases foram causados por mudanças na órbita terrestre em torno do Sol e assim por diante. O que está acontecendo agora é uma cadeia de causas, que remonta ao passado, cada uma causando a seguinte e trazendo-nos até o presente grupo de eventos que compõem o universo, incluindo o rio Amazonas. Até aqui, tudo bem.

No entanto, mais cedo ou mais tarde teremos que lidar com outra pergunta sobre a cadeia de causas explicativas: ela pode recuar eternamente no passado, ou teve um começo? Houve um primeiro evento na cadeia de causas? Essas são as únicas possibilidades do ponto de vista lógico. Podemos especular sobre outras possibilidades, como a visão de que o tempo passa em círculo ou que existem muitos universos, mas essas parecem ser pouco mais que especulações (metafísicas). Os defensores do argumento cosmológico nessa forma consideram razoável não perder muito tempo em alternativas que não sejam coerentes com as evidências científicas atuais. As únicas opções plausíveis e razoáveis que existem para a forma como a cadeia de eventos começou é que haja um primeiro evento ou que o universo tenha um passado infinito.

A versão de Boaventura do argumento cosmológico adquire aqui o seu caráter específico, em função do famoso argumento apresentado por ele de que o universo *não pode* ter um passado infinito e, por isso, deve ter um começo, um primeiro evento.[2] Recentemente, esse argumento foi desenvolvido de maneira interessante e provocante por William Lane Craig.[3] Os argumentos de Craig são intrigantes e têm gerado muita discussão. Ele acredita que o universo deve ter tido um começo – um primeiro evento – e que essa conclusão pode ser sustentada em bases filosóficas e científicas. Tratemos inicialmente das bases científicas, já que, provavelmente, pelo menos em linhas gerais, elas são mais conhecidas e não precisam nos atrasar muito na exposição do argumento.

De acordo com Craig, um bom teólogo natural deve estar familiarizado com os principais argumentos das mais recentes teorias científicas, principalmente porque eles podem ter alguma influência sobre questões religiosas. Ele apoia a visão de Santo Agostinho, apontada na Introdução, de que "toda a verdade é uma só", e por isso não se deve ter medo de recorrer a evidências científicas, se forem relevantes para os próprios argumentos que se pretende apresentar. A principal teoria atual sobre a origem do universo, aceita pela grande maioria dos cientistas hoje, é a teoria do *Big Bang*, que diz que o universo começou entre 10 e 20 bilhões de anos atrás em uma enorme explosão. Essa explosão, considerada uma singularidade, consistiu em um ponto de matéria infinitamente densa e infinitamente quente. Os destroços da explosão continham todas as sementes de tudo o que há em nosso universo. A teoria do *Big Bang* mostra que o universo teve um começo no tempo. Teria sido o primeiro evento do nosso universo. A teoria é bem comprovada e representa boa evidência científica de que o universo teve um começo. Ela mostra que houve um primeiro evento e que, portanto, a história (e o tempo) tem um passado finito.[4]

Existe uma segunda teoria científica que parece confirmar a conclusão de que o universo teve um começo: é a evidência a partir da segunda lei da termodinâmica, que diz que a entropia do universo tende a um máximo. Entropia é a medida total de desordem ou caos em um sistema. O que isso significa em termos práticos é que, em um sistema fechado, os processos eventualmente se esgotam e morrem, se tiverem tempo suficiente. Um sistema fechado é um sistema que contém em si tudo o que existe, e fora do qual não há nada. O universo é um sistema desse tipo, e seu eventual esgotamento é chamado de "morte térmica" do universo. De acordo com Craig, a questão é: por que o universo ainda não teve morte térmica?. A resposta óbvia é que a morte térmica do universo levaria cerca de x bilhões de anos, e até agora se passaram menos do que x bilhões de anos. O argumento de Craig, no entanto, é que essa resposta não é aceitável quando se acredita que o universo tem um passado infinito, pois já *teríamos tido* uma quantidade infinita de tempo decorrido antes do momento presente, e isso deveria ser um tempo mais do que suficiente para que a morte térmica ocorresse. Portanto, a segunda lei da termodinâmica, assim como a teoria do *Big Bang*, sustenta a visão de que o universo teve um começo.

Essas considerações levam Craig a fazer uma afirmação mais forte: a de que a noção de um infinito real não faz qualquer sentido lógico e tal coisa não poderia existir no mundo real. Ele não nega que o conceito de infinito seja útil em matemática e na teoria dos conjuntos, mas essas disciplinas envolvem apenas infinitos potenciais, que só existem na mente. Um infinito é representado apenas em matemática, por exemplo, e nunca é real, nunca existe realmente, mas, se disséssemos que o universo tem um passado infinito, estaríamos dizendo que realmente existe uma série infinita real de eventos físicos, e Craig afirma que isso não é possível. Para demonstrá-lo, ele tenta gerar uma série de paradoxos lógicos que resultariam se operássemos com a suposição de que realmente existiu um infinito real. O primeiro exemplo que ele aponta envolve uma biblioteca com um número infinito de livros, empilhados nas prateleiras em cores alternadas – vermelho, preto, vermelho, preto e assim por diante. A biblioteca teria um número infinito de livros vermelhos, um número infinito de livros pretos e um número total infinito de livros; teria, em suma, a mesma quantidade de livros no total que tinha de uma única cor. Além disso, se alguém fosse retirar alguns livros da biblioteca, ainda restaria um número infinito, e se fosse acrescentar quaisquer livros à biblioteca, o total geral ainda seria um número infinito. O seu argumento é que, quando começamos a tentar imaginar o que teria que acontecer para que realmente existisse uma verdadeira série infinita de eventos físicos no mundo real, começamos a ver que a noção gera vários quebra-cabeças importantes e simplesmente não faz sentido. Esse exemplo leva a absurdos lógicos e sugere que a noção de uma série infinita real de eventos físicos não é inteligível. Craig também se refere a um exemplo no qual Terra e Júpiter estão orbitando o Sol desde a eternidade, mas a Terra está em órbita a uma velocidade três vezes maior do que a de Júpiter. No entanto, se estiverem em órbita desde a eternidade, eles vão ter completado o *mesmo* número de órbitas, mas, mais uma vez, isso parece absurdo.

Craig tem uma segunda linha de argumento para a mesma conclusão. Nesse modo específico de ver o assunto, ele usa a noção da impossibilidade lógica de contagem até um infinito ou de ultrapassá-lo. Simplificando um pouco, o argumento é o seguinte: se houvesse um número infinito de dias antes de hoje, hoje nunca chegaria (porque é impossível ultrapassar um infinito); mas hoje chegou, portanto, o número de dias antes de hoje deve ter sido finito. Talvez possamos apreciar melhor esse argumento nos imaginando distantes no passado, com a suposição de que o passado é infinito, e olhando para o futuro. A questão não é como vamos chegar do ponto A ao ponto B. A resposta a essa pergunta é fácil e envolve uma quantidade finita de dias. Mas, se perguntarmos como é que conseguimos chegar ao ponto B, a resposta de que atravessamos uma quantidade infinita de eventos é absurda. O mesmo problema se aplica ao ponto A, é claro, ou a *qualquer* ponto da história que se escolha.

Já houve uma série de objeções interessantes ao raciocínio de Craig. Uma resposta comum aos seus argumentos é dizer que, mesmo que o universo seja infinito, não precisamos nos preocupar muito porque, em qualquer momento específico do qual se parta na história, há sempre um tempo finito entre esse ponto e algum ponto futuro, para que possamos evitar os absurdos lógicos.[5] Desse ponto de vista, uma regressão infinita pode parecer plausível. A réplica de Craig, como vimos, é que essa não é uma resposta satisfatória para os filósofos que procuram a causa última das coisas, pois eles estão perguntando como chegamos a um determinado ponto na história (qual a causa última disso), e, se a resposta for que atravessamos uma quantidade infinita de tempo, é muito problemática. Portanto, já que *esse momento* da história ocorreu, a resposta deve ser que atravessamos uma quantidade *finita* de tempo. Uma explicação para a causa de qualquer evento específico na história é boa em si, mas não responde à pergunta de por que existem determinados acontecimentos na história. Uma segunda objeção foi levantada por Paul Draper,[6] que argumenta que os paradoxos lógicos e absurdos gerados pelos exemplos de Craig só parecem funcionar quando se *supõe* que o conceito de infinito real é absurdo. Talvez, se levarmos o conceito mais a sério, Draper argumenta, teríamos que ver as coisas de maneira diferente, talvez aceitando que uma biblioteca poderia ter o mesmo número de livros de uma única cor que ela tem em todo o acervo. Porém, nessa linha de argumentação, o ônus da prova está certamente com Draper, e é preciso trabalhar mais para mostrar que um infinito real tem sentido lógico.

Em terceiro lugar, Quentin Smith argumentou que os exemplos de Craig sobre bibliotecas não geram os paradoxos que ele pensa que geram. Smith acredita que se poderiam acrescentar livros a uma quantidade realmente infinita se tomássemos "qualquer conjunto infinito de itens existentes, por exemplo, livros, e os combinássemos um a um com todos os números inteiros positivos [...]". Isso é um infinito real, Smith sustenta, porque "os livros realmente existem e há um número realmente infinito de números na série [...]".[7] Esse argumento parece correto, mas Craig acredita que ele é falacioso, porque não começa realmente com um infinito real. Caso se comece com um infinito real, Craig responde, não se pode acrescentar nada ao sistema, porque "já existe uma infinidade real dos objetos que esgota completamente o sistema natural de números – cada número possível foi exemplificado verdadeiramente na lombada de um livro".[8] Isso é um infinito, e Craig acredita que muitos argumentos, como os de Smith, confundem-se em suas objeções, ainda tratando um infinito real como se fosse apenas um infinito potencial.

Uma objeção mais geral ao argumento, muitas vezes levantada por estudiosos da ciência, é a de que a lei da conservação de energia é uma possível objeção à ideia de que um infinito real não pode existir. Na verdade, a lei de conservação de energia é a primeira lei da termodinâmica, que diz que qualquer conjunto de objetos isolados do resto do universo não pode ganhar nem perder energia total, não importa como os objetos interajam em seu ambiente. Nesse sentido, a energia não pode ser criada nem destruída. A soma total de energia em qualquer sistema fechado permanece sempre a mesma (ou é conservada). Ela pode ser convertida em formas diferentes – por exemplo, de energia química em energia mecânica –, mas a quantidade é a mesma, e nenhuma energia é destruída. Essa lei não mostraria que a energia é infinita? Embora seja bem estabelecida e muito útil na ciência, a lei não mostra que a energia é infinita no sentido de que sempre existiu. Assim, nesse sentido fundamental, a existência de energia não constituiria um exemplo de infinito real. Para efeitos de nossa discussão aqui, enunciada mais adequadamente, a lei diz que, no momento em que *passa a existir*, a energia nunca pode ser criada nem destruída. Mas, assim enunciada, a lei da conservação de energia não pode servir como crítica do argumento cosmológico, pois não afirma que a energia sempre existiu, nem apresenta uma explicação de como a energia passou a existir.

Depois de estabelecer que o universo tem um começo, o próximo passo no argumento de Craig é fazer a pergunta, não sobre o que poderia ter causado o primeiro evento (esta vem depois), e sim: *o primeiro evento tem uma causa?* Esse é um passo lógico sutil, mas extremamente importante no argumento geral. Com ele, o autor está tentando chamar a atenção para o fato de que, se quisermos ser razoáveis, *temos que* concluir que o primeiro evento tem uma causa. Essa é a única resposta possível à pergunta, para uma pessoa racional. Claro, o *Big Bang* é um evento único, sendo o primeiro evento, de modo que a pergunta que Craig está fazendo não pode ser respondida pela ciência. Isso porque estamos lidando com o primeiro evento no universo, e não podemos dar a nossa resposta habitual à pergunta sobre a causa de um evento, o que implicaria invocar uma causa anterior física (local). Essa é uma conclusão lógica que se aplica independentemente do que seja o primeiro evento. Se descobrirmos, no futuro, que o *Big Bang* não foi o primeiro evento, mas que houve um primeiro evento *anterior*, o *Little Bang*, que causou o *Big Bang*, nossa pergunta nessa parte do argumento deve ser feita em relação ao *Little Bang*. Segundo defensores dessa versão do argumento, o que fica óbvio neste momento é que não é possível dar qualquer resposta científica a essa pergunta. Só temos duas alternativas neste caso, segundo Craig. A primeira delas é dizer que o primeiro evento deve ter uma causa, ainda que possamos não saber como ela poderia ser uma causa física aberta à investigação pelo domínio da ciência; a segunda é dizer que o primeiro evento *não tem causa*, mas essa segunda resposta não é razoável. O que é mais razoável, Craig pergunta, que o primeiro evento tenha tido causa ou que tenha vindo a existir sem uma causa, apenas apareceu, por assim dizer, simplesmente surgiu do nada, sem uma causa? Como diz Craig, "seria necessário mais fé para que eu acreditasse [que o universo surgiu do nada, sem uma causa] do que acreditar que Deus existe".[9] Ele sustenta que a segunda alternativa não é uma opção séria para uma pessoa razoável, e só seria cogitada por um crítico do argumento para tentar impedir a passagem à próxima etapa: uma vez que o universo tem um começo, e que o início tem uma causa, qual seria essa causa?. Podemos aprofundar o argumento e chegar a quaisquer conclusões sobre a causa?

Os defensores dessa versão do argumento, incluindo Boaventura e Craig, argumentam que podemos avançar. E, como veremos, há muita sobreposição nessa fase do raciocínio com a outra principal versão do argumento, que examinaremos em seguida. O argumento cosmológico aponta para uma série de características da causa do universo. Em primeiro lugar, a causa deve estar *fora* da ordem física, deve ser *não física* em algum sentido muito importante. Isso porque, se dizemos que a causa é física, sempre podemos perguntar o que causou essa causa física (prévia, anterior)? Sabemos, a partir do raciocínio geral e da ciência empírica, que todo evento tem uma causa física prévia, ou, para colocar a questão de outra forma: nenhum evento físico no universo é sua própria causa (ou, para usar a linguagem de São Tomás, qualquer evento físico é um ente contingente). Esse é um princípio fundamental do argumento cosmológico como um todo, e qualquer um que esteja inclinado a duvidar é livre para apresentar um exemplo de evento físico que tenha causado a si próprio! Só pode haver *um* primeiro evento, e é esse que estamos tentando explicar, de modo que a causa logicamente terá que estar fora da ordem física.

Em segundo lugar, a causa deve ser realmente muito forte para ser capaz de criar um universo como o nosso. Se isso significa que a causa é toda-poderosa ou não é uma questão que voltará com mais detalhes no capítulo sobre a natureza de Deus. Em terceiro lugar, é mais provável que a causa seja um agente inteligente de algum tipo. Essa é uma alternativa mais razoável do que dizer que a causa é uma força impessoal ou uma entidade não física, não inteligente. A inteligência também é sugerida pela ordem, a beleza e o sentido evidente no universo (vamos aprofundar essa abordagem da questão de Deus mais tarde, em nossa discussão sobre o argumento do desígnio). Mas a criação do universo e da vida, inclusive da vida humana, parece exigir, segundo qualquer padrão razoável, uma inteligência fenomenal. Em quarto lugar, o fato de o universo ter como causa um ser inteligente e racional também sugere que a causa é um agente moral e um ser livre (isso se baseia, em parte, no argumento moral para a existência de Deus, sobre o qual veremos mais no próximo capítulo). Em quinto lugar, a causa também tem que ser um ser necessário, um ser que não precisa de causa. Essa conclusão é justificada pelo fato de que estamos buscando uma causa última, e não uma causa local. Voltaremos momentaneamente a esse ponto crucial quando examinarmos uma segunda versão do argumento cosmológico. E, assim, a causa do universo é, para citar São Tomás de Aquino novamente, o que todas as pessoas geralmente chamam de Deus.

A VERSÃO DE SÃO TOMÁS DE AQUINO DO ARGUMENTO COSMOLÓGICO

São Tomás de Aquino é famoso por muitas coisas em filosofia e teologia, mas talvez, mais do que tudo, por seus cinco argumentos para defender a existência de Deus.[10] O que é notável sobre essas "cinco vias" (*quinque viae*) é que elas são muito curtas! Claro, elas geraram bibliotecas inteiras de discussão. Os argumentos de São Tomás foram consideravelmente modernizados e elaborados nas últimas décadas, principalmente para explicar as recentes evoluções na ciência e para responder às objeções modernas. Os argumentos apelam às noções de movimento e mudança, causação, graus de perfeição na natureza e teleologia – todos conceitos familiares aos filósofos da Idade Média (e ainda familiares a nós hoje em dia). A ideia básica por trás de todos os argumentos é que o universo tem uma causa última. No entanto, a visão de São Tomás difere da abordagem kalãm, a qual, já observamos, baseava-se originalmente na obra do contemporâneo de São Tomás, o seu oponente ocasional São Boaventura. Tomás discordava de Boaventura em relação ao universo ter tido um começo ou não, e não estava convencido de que, logicamente, o universo não poderia ter tido um passado eterno. Mas o que é interessante sobre a sua versão do argumento é que ele sustenta que, mesmo que tenha tido um passado eterno, o universo *ainda* precisa de uma causa última. É por isso que alguns acreditam que a versão de São Tomás do argumento cosmológico é mais profunda do que a de São Boaventura. Eu diria que, talvez, a forma mais forte do argumento cosmológico é a que combina as duas formas, argumentando, inicialmente, que o universo deve ter um começo (e assim reconhecendo as evidências científicas recentes), mas depois mostrando que, mesmo que não tenha tido um começo, ele ainda precisa de uma causa última.

O principal impulso por trás de vários dos argumentos de São Tomás envolve as intrigantes noções de ser contingente e necessário. Um ser contingente é um ser que não é a causa de si mesmo. Para que exista, deve ter tido alguma causa anterior, caso contrário, não existiria. E um ser contingente também não pode durar para sempre, em algum momento vai deixar de existir. Uma série de seres contingentes ligados entre si por causa e efeito é chamada de série contingente. O universo, São Tomás sustenta, é essa série. Sua pergunta, portanto, é esta: o *número* de eventos em uma série contingente nos ajuda com a questão da causa última da série? Se a série tem um número finito de eventos em si, a resposta óbvia à nossa pergunta é não, uma vez que teríamos um primeiro evento (contingente) da série, um evento que não contém em si a explicação de sua própria existência, como descrito anteriormente. Como diz São Tomás na Segunda Via: "No mundo das coisas sensíveis descobrimos que há uma ordem de causas eficientes. Não há nenhum caso conhecido (na verdade, tampouco possível) em que uma coisa seja a causa eficiente de si, pois ela seria anterior a si própria, o que é impossível".[11] No entanto, suponhamos que a série contingente de eventos seja infinita – um infinito real no mundo real, como o tipo contra o qual Craig tem argumentado. Isso nos ajuda com a nossa pergunta inicial sobre a causa última da série? São Tomás afirma que não, pois uma série contingente de eventos ainda requer uma explicação definitiva para sua existência, *não importa quantos membros existam na série*. Podemos explicar a causa local de qualquer evento específico ou sequência de eventos apontando causas anteriores na série, mas isso, argumenta São Tomás, não nos ajudará a explicar a existência de *toda* a série. Logicamente, não conseguimos encontrar a causa de toda a série contingente dentro da série de eventos, mesmo que seja uma série infinita. Dessa forma, São Tomás diria que estão enganados aqueles que acham que, se conseguirem demonstrar que o universo é uma série infinita de eventos físicos, *evitariam* a pergunta sobre qual é a causa última ou global de toda a série. Ainda é perfeitamente razoável perguntar como a série toda, com seu infinito número de membros, chegou até aqui. E, para isso, argumenta São Tomás, temos que *sair* da série.

Segundo o frade Frederick Copleston, um discípulo moderno de São Tomás, a versão desse argumento cosmológico recorre à noção de uma série vertical de causas (uma "hierarquia" de causas) de um determinado evento, em vez de uma série horizontal de causas que se estende ao passado.[12] Evoca-se a noção de hierarquia de causas, Copleston acredita, quando alguém pergunta, em relação a um determinado evento, de que forma ele chegou aqui *como um todo, ou em geral*. Ele dá o exemplo de um filho que é dependente do pai, que também é dependente de seu pai, e assim por diante. Mas há outro sentido do termo "dependente" em que o filho não é dependente de seu pai para suas atividades *atuais*. É o primeiro sentido de "dependente" que o argumento cosmológico está tentando transmitir. De acordo com essa noção de "dependente", um determinado evento de uma série nunca é a causa de si mesmo. Além disso, toda a série, por ser composta de seres contingentes, não pode ser a causa de si mesma, e por isso *requer* uma causa que esteja fora da série para explicar sua existência. Já uma série horizontal sugere a ideia de causação, à qual se recorre quando perguntamos qual é a causa de um determinado evento na história. E a resposta seria o evento anterior, ou eventos.

Observando o argumento cosmológico a partir desse ponto de vista, Copleston desenvolve o raciocínio de São Tomás para ressaltar que a ideia fundamental por trás do argumento não é sondar a natureza e a causa da série entendida como série horizontal, mas perguntar, hierarquicamente, por assim dizer, como a coisa toda chegou aqui, não importa qual seja a sua estrutura ou o seu tamanho. Essa questão também pode ser expressa com referência ao conceito de tempo. Do ponto de vista de São Tomás, não estamos procurando especificamente o que seria uma causa anterior, no tempo, de qualquer membro de uma série temporal de eventos, uma série que teve um começo ou mesmo que não teve começo. Em vez disso, procuramos uma causa *atemporal*, uma causa fora do âmbito da série de eventos, uma causa maior que está fora da ordem temporal da série como um todo. Essa forma de expressar o ponto principal do argumento cosmológico enfatiza que os conceitos de tempo e de eventos e as suas causas anteriores no tempo não são importantes. O importante é que qualquer série contingente é, em um sentido crucial, dependente, que realmente existe uma ordem temporal com eventos e causas. E essa ordem temporal precisa de uma causa última, que não pode, ela mesma, fazer parte da ordem temporal.

Isso nos leva ao que muitos consideram o *insight* mais poderoso do argumento cosmológico, envolvendo, mais uma vez, um recurso a conceitos de ser necessário e contingente. A importância desses conceitos, às vezes, é ignorada ou minimizada em exposições contemporâneas do argumento, mas a essência do argumento cosmológico está na conclusão de que é razoável dizer que *existe um ser necessário*. Isso porque só há duas respostas possíveis à pergunta sobre como o universo chegou até aqui. A primeira é que ele foi criado por um ser necessário, um ser que sempre existiu, um ser que não pode deixar de ser. Qualquer outra resposta envolvendo seres contingentes *não* nos daria uma explicação do universo, porque sempre podemos perguntar o que causou esse ser (contingente) e assim por diante. Claro, São Tomás sabe que é razoável perguntar como poderia existir um ser necessário, mas o ponto principal de seu argumento, acredito, é ilustrar que um ser necessário *deve* existir, que mesmo que pareça estranho à primeira vista, o conceito é a resposta mais razoável à nossa pergunta sobre a origem maior do universo, caso contrário, não teríamos como explicar a sua existência. Ao refletirmos sobre a questão da causa do universo, veremos que, inevitavelmente, caímos na probabilidade de um ser necessário. A única outra resposta que se pode dar é dizer que o universo não tem causa última, não tem explicação, que simplesmente existe. E a mente humana resiste fortemente a essa resposta, porque ela é muito difícil de aceitar em vários níveis, sendo que o principal deles é não ser lógica. Para São Tomás, sabemos que o universo *deve* ter uma causa última, e nós simplesmente temos que pensar sobre qual seria. E a única resposta lógica é que deve haver um ser necessário.

Alguns poderiam responder ao raciocínio de São Tomás dizendo que o conceito de ser necessário é ininteligível. O que significa dizer que existe um ser necessário? Como pode haver um ser que sempre existiu ou que é a causa de si mesmo? Esse conceito faz algum sentido? No entanto, São Tomás diz que o argumento cosmológico mostra que o conceito é bastante inteligível, porque esse ser muito provavelmente existe. Para examinar a questão de outro ponto de vista, quando começamos a ver que a única maneira de responder à pergunta "Por que existe algo em vez de nada" é dizer que deve haver um ser necessário, isso, por si só, dá inteligibilidade ao conceito. E a menos que tenhamos alguma outra razão independente para rejeitar o conceito, temos que aceitar que é um conceito inteligível.

Os defensores dessa versão do argumento cosmológico concordarão que a pergunta "De onde Deus veio" é perfeitamente legítima. Ela não é feita apenas por crianças; os filósofos também devem pensar sobre ela. E São Tomás argumenta que a resposta de que Deus é um ser necessário é a melhor disponível. Há pelo menos três outras respostas possíveis para essa pergunta. A primeira é que Deus foi criado por outro Deus (ou causa). Mas essa não é satisfatória, porque não nos dá uma resposta para a questão maior e ainda nos deixa com a pergunta sobre quem causou esse Deus, indica que Deus é apenas outro contingente, cuja existência requer uma causa anterior. A segunda é dizer que existe um grupo ou comitê de seres necessários. Esta é regida pela Navalha de Ockham, o princípio lógico de que, dadas duas explicações para o mesmo fenômeno, deve-se sempre escolher a mais simples possível, desde que todas as demais condições sejam iguais – e um ser necessário basta para explicar a existência do universo. (Esse também é um argumento para o monoteísmo.) A terceira resposta é aquela com que começamos: dizer que o conceito de um ser necessário é ininteligível. Tão ininteligível que, quando nos deparamos com essa noção no final do argumento cosmológico, ela é tão ininteligível ou tão problemática que todo o argumento para a existência de Deus desmorona. Dallas Willard argumenta que devemos rejeitar a visão de que o conceito de ser necessário é ininteligível, porque ela é motivada pela pressuposição falaciosa de que a existência física é o único tipo que se pode ter.[13] Mas o argumento cosmológico é um argumento que mostra que a existência física, muito provavelmente, *não* é o único tipo que se pode ter; na verdade, é um argumento exatamente sobre essa pergunta. Portanto, não se pode chegar a uma conclusão sobre essa questão se a existência de Deus ainda não tiver sido decidida. E Willard afirma que o argumento cosmológico aponta claramente na direção de um ser necessário. Antes de aprofundar essas objeções, é importante notar que os filósofos tradicionais, por vezes, falam de Deus como autocausado, mas isso não deve ser considerado uma indicação de que Deus causa sua própria existência, o que nos deixaria com outro problema. Como observou Richard Taylor: "Dizer que algo é autocausado (*causa sui*) significa apenas que este algo existe, não contingentemente ou na dependência de outra coisa, mas por sua própria natureza, o que só quer dizer que é um ser que não pode vir a existir nem perecer".[14] Como observa Taylor, o argumento cosmológico visa a mostrar que tal ser muito provavelmente existe.

Há outras objeções ao argumento, além das já mencionadas. Outra maneira de desenvolver uma crítica a ele é negar o princípio da razão suficiente. Esse princípio foi formulado pela primeira vez por Leibniz (1646-1716) e diz que cada fato ou evento no universo tem uma razão para existir, donde se conclui, portanto, como Leibniz argumentou, que o universo tem uma causa. Isso seria verdadeiro no caso de o universo ter um passado eterno ou ter um primeiro evento, por exemplo, o *Big Bang*. Na verdade, o princípio da razão suficiente é um dos que estão na base não apenas do raciocínio cosmológico, mas do raciocínio humano em geral, como ressalta Leibniz. No entanto, alguns filósofos, como Bertrand Russell e, mais recentemente, William Rowe, responderam ao argumento cosmológico questionando o princípio da razão suficiente. Russell o questiona sugerindo que o universo é um "fato bruto".[15] Um fato bruto seria um fato que não necessita de explicação, simplesmente existe. Mesmo assim, à primeira vista, essa não é uma objeção muito convincente, e parece ser uma ação *ad hoc* inventada por alguns filósofos ateus apenas para bloquear o argumento cosmológico. O conceito de fato bruto é bastante vago. Ele pode significar que o universo não precisa de explicação ou que, embora precise, não há explicação disponível. No primeiro caso, parece falso em qualquer explicação razoável da natureza do universo. No segundo, parece interromper cedo demais o debate sobre a existência de Deus e sugerir implicitamente que a existência física é, por definição, o único tipo de existência. Parece que seria preciso uma razão melhor do que isso para abrandar o argumento.

Rowe, no entanto, acredita ter essa razão.[16] Ele apresenta algo mais profundo sobre o princípio da razão suficiente, sugerindo que o desejo de encontrar uma causa última se baseia no desejo humano universal de encontrar uma razão para tudo no universo, motivado pela curiosidade natural dos seres humanos, que querem saber como as coisas funcionam e como chegaram a ser o que são. E, embora ele admita que esse é um desejo natural, o fato de termos essa curiosidade não significa que haja realmente uma razão para tudo. O princípio da razão suficiente é praticamente uma pressuposição da razão, mas, como nos lembra Rowe, William James disse que a natureza não é obrigada a satisfazer as nossas pressuposições. No entanto, os defensores do argumento não consideraram muito convincente o questionamento ou mesmo a negação do princípio da razão suficiente. Isso porque a crença no princípio parece ser muito razoável, mesmo se não pudermos realmente provar que é um princípio objetivamente verdadeiro. Além disso, o princípio é sustentado pela ciência empírica, no sentido de que nunca nos deparamos com um evento físico que não precisasse de causa; na verdade, a ideia de que possa haver um evento físico que não precise de causa é quase ininteligível. Uma coisa é dizer que nós não *conhecemos* a causa de um determinado evento físico, mas é muito mais radical dizer que *não existe* causa para um determinado evento. Não seria mais razoável aceitar o princípio da razão suficiente e procurar a causa em vez de renunciar cedo demais ao argumento? Muitos afirmariam que sim, mas Rowe poderia dizer que, em casos normais, sim, é razoável procurar a causa, mas a questão da origem do universo é tão desconcertante que poderia nos levar a questionar legitimamente o princípio da razão suficiente. Porém, parece que, se aceitarmos o princípio da razão suficiente na vida cotidiana, bem como na ciência, também deveremos aceitá-lo quando se pensa sobre a causa última do universo.

Outras objeções ao argumento cosmológico envolvem a alegação de que, embora possa apontar uma causa geral do universo, ele não nos mostra o Deus do teísmo, não nos diz muito sobre a natureza de Deus. Como nos mostraria, por exemplo, que Deus é totalmente amoroso, bom e onisciente, e assim por diante? Essas são perguntas importantes. O que podemos saber sobre a natureza de Deus a partir dos vários argumentos para sua existência? Vamos tratar dessas perguntas de forma mais completa em nossa discussão sobre a natureza de Deus no Capítulo 4, embora já tenhamos observado que o argumento cosmológico nos dá alguma razão para acreditar que a causa final do universo é poderosa, não física, eterna e inteligente.

O ARGUMENTO TELEOLÓGICO

O argumento teleológico, ou argumento do desígnio, é um dos mais conhecidos para sustentar a existência de Deus. Ele remonta aos gregos antigos, que eram impressionados com a ordem e o propósito aparentes do universo. Como a noção de causa maior, a ideia de que o universo possa mostrar evidências de ter um desígnio não pode deixar de passar ocasionalmente pela cabeça de quem reflete seriamente sobre sua natureza e sua origem. Ao contemplarmos a estrutura do universo, mesmo que de forma bastante superficial, é natural questionarmos se ele é produto de uma mente inteligente. Eu acredito que a maioria das pessoas reconheceria que o universo apresenta, pelo menos na superfície, alguma evidência de desígnio ou de ordem, e é por isso que é natural perguntar se ele é designado ou não. Mas daí não se conclui necessariamente que, quando examinamos o assunto de maneira mais profunda, realmente existe desígnio ou ordem. Isso nos leva a assumir um olhar mais atento ao que queremos dizer com "desígnio", a como pode ser o desígnio no universo e de que forma ele pode apontar para um autor desse desígnio.

O raciocínio básico por trás do argumento do desígnio é muito direto. Embora existam diferentes versões, todas têm a mesma abordagem básica. A premissa do argumento é de que o universo apresenta evidências de desígnio ou ordem, e que essa ordem pode ser vista por meio da observação normal. A conclusão é de que, como há evidências de desígnio, provavelmente há um autor inteligente do desígnio do universo. O argumento é indutivo ou probabilístico, não dizendo que o desígnio do universo oferece provas conclusivas da existência de um autor, mas apenas que essa é uma conclusão muito razoável. A maioria dos defensores do argumento vai além e diz que é a conclusão mais razoável.

O argumento do desígnio também é um argumento que parte da analogia, baseada em uma comparação do universo e seu desígnio com artefatos humanos que projetamos. A analogia é a seguinte: dado que podemos identificar o desígnio em muitos artefatos do mundo e sabemos que mentes inteligentes (humanas) são responsáveis por isso (o motor de um carro, uma mesa, um quarto mobiliado), se encontrarmos desígnio no universo, poderemos igualmente inferir que existe uma mente inteligente por trás desse desígnio. Como a maioria das analogias, esta não tem a pretensão de ser perfeita em todos os aspectos, mas é forte, de acordo com partidários do argumento, e permite concluirmos que a causa mais provável do universo é Deus, o autor inteligente desse desígnio.

Muitos concordariam que o argumento do desígnio não é só interessante, mas também intrigante. Ele levanta todos os tipos de questões interessantes, que devem ser aprofundadas se quisermos dar mais consistência ao argumento, de forma que lhe faça justiça e que nos ajude a entender os conceitos e movimentos lógicos envolvidos. O primeiro conceito que devemos examinar mais profundamente é a própria noção de desígnio. Especificamente, o que temos em mente quando dizemos que o universo *parece designado*? Observei anteriormente que parece óbvio que, quando olhamos para o universo, naturalmente pensamos nele como algo designado, pelo menos por algum tempo. Por exemplo, veríamos os planetas em suas órbitas, observaríamos certa constância na natureza, veríamos a ordem das estações do ano, observaríamos que o universo pode sustentar a vida, que a natureza parece inteligível para a mente humana e assim por diante. Mas enquanto todas essas observações empíricas sugerem a ideia de desígnio, precisamos pensar mais profundamente sobre se elas realmente são exemplos disso. Será que elas representam ou podem ser tratadas como representações de um desígnio no universo, da mesma forma que o exame das peças de um motor de carro irá revelar um desígnio, o qual sustenta claramente a conclusão de que há uma inteligência por trás do motor de um carro? Os defensores do argumento teleológico acreditam que a concepção do universo é, de fato, análoga à de um motor de carro.

Uma forma de definir o desígnio é no sentido de "propósito". Essa foi a maneira como o filósofo do século XVIII William Paley entendeu a ideia. Paley era um conhecido defensor da ideia de teleologia na natureza, um conceito que remonta aos gregos antigos e, principalmente, à obra de Aristóteles, que argumentou que, a partir da observação empírica, pode-se descobrir que a natureza tem propósitos embutidos nela. Como ilustração, Paley usa o famoso exemplo de um relógio encontrado no ermo. Supondo que nunca tenhamos visto um relógio, Paley argumenta que concluiríamos, depois de examiná-lo cuidadosamente, que ele foi projetado por uma mente. É um objeto complexo demais para ter surgido por acaso, que é a única outra alternativa, e claramente parece ter sido montado com um propósito (marcar o tempo). Contudo, continua Paley, se essa é uma maneira razoável de argumentar sobre um relógio, também é uma forma razoável de observar a própria natureza. Há operações ordenadas, muito intricadas e complexas, na natureza, e seria possível facilmente dizer que elas têm um propósito. Paley ficou particularmente impressionado com os aspectos fisiológicos dos animais e apresentou o exemplo da complexa operação ordenada do olho humano como evidência de um desígnio claro na natureza. Os hábitats dos animais ele sustentava, também parecem perfeitamente projetados para que esses animais vivam neles. Além disso, os animais parecem ter um propósito na natureza, como afirmou Aristóteles, do qual nunca se desviam. Esse argumento também pode ser estendido aos seres humanos. Não vemos nossas vidas como acaso, mas as entendemos em termos de propósito (não necessariamente entendido de forma religiosa – não era assim para Aristóteles). Tudo isso, Paley conclui, sugere a existência de um autor e de um desígnio por trás da natureza, de uma mente que pensou vários propósitos que fariam parte da natureza e que os colocou em prática, por assim dizer, como fez o relojoeiro com o relógio.[17] Partindo dos exemplos de Paley, Dallas Willard sugeriu que, se fôssemos a um planeta aparentemente desabitado e descobríssemos que, ao que tudo indica, ele era uma filial da May Company ou da Sears – ou mesmo uma garrafa de Coca-Cola ou a embalagem de um hambúrguer do McDonald's –, seria psicologicamente impossível, bem como categoricamente irracional à luz dos dados disponíveis, acreditar que isso surgiu sem um desígnio e uma mente que "contivesse" esse desígnio. Estender essa conclusão para dar conta de olhos, estruturas de DNA e sistemas solares, modificando adequadamente as premissas, não é forçar muito mais.[18]

Essa é uma maneira de entender o desígnio na natureza e, por muito tempo, foi a maneira tradicional de pensar sobre o argumento do desígnio, mas, nos últimos tempos, filósofos modernos, principalmente Richard Swinburne, salientaram outro tipo de desígnio no universo. Essa versão moderna às vezes é chamada de argumento das "leis da ciência" ou das "leis da física". Esse argumento diz que, se examinarmos o universo de perto, principalmente pela ciência, descobriremos que existe o que se conhece como certas "regularidades" que ocorrem na natureza, padrões detectáveis empiricamente na forma como a natureza se comporta. Eles foram codificados e estabelecidos como leis da ciência, incluindo, mais especificamente, as leis da física e da química, talvez as duas ciências mais básicas (juntamente com a matemática) para a compreensão do universo físico. Também devemos mencionar aqui as leis da biologia, apesar de que alguns naturalistas tentem reduzi-las ou explicá-las nos termos das leis da física e da química. Entre os exemplos de leis da física estão as leis de Newton sobre o movimento (a sua terceira lei diz que para cada ação há uma reação igual e oposta), as leis de Kepler sobre o movimento planetário (a sua primeira lei diz que os planetas giram em torno do Sol em órbitas elípticas, com o Sol em um dos focos da elipse), a lei de Ohm relacionada a circuitos elétricos (que afirma que a relação entre tensão [V], corrente [I] e resistência [R] é V = I x R) e muitas outras, simples e complexas. Um exemplo de uma lei simples do ponto de vista da pessoa comum poderia ser o de que um objeto com massa maior vai esmagar um objeto com massa menor, se cair em cima deste, mantidas as demais condições, ou que será mais difícil ver um objeto de cor mais clara contra um fundo mais claro do que um objeto mais escuro, ou que a chuva vai enfraquecer a composição da madeira, mantidas as demais condições, e assim por diante. Esses são fatos comuns cotidianos, que conhecemos a partir da nossa experiência, e, embora a maioria de nós possa muitas vezes não pensar neles como "leis da ciência", a sua existência é admirável do ponto de vista filosófico e em termos de perguntas fundamentais sobre o universo.

 O argumento das leis da física sustenta que é bastante impressionante que o nosso universo siga as leis de forma constante, sem exceções. O fato de a natureza obedecer às leis da física e de o comportamento dos objetos da natureza poder ser explicado em termos delas é digno de nossa atenção. Parece razoável pensar que essa ordem subjacente no universo tenha sido causada por uma mente inteligente. Esse argumento se baseia no fato de que, se o nosso universo é realmente uma ocorrência casual e é destituído de qualquer desígnio, como é possível que vivamos em um universo de leis (científicas), e não desprovido delas ou caótico? Seria uma coincidência incrível se o universo fosse casualmente estruturado segundo essas leis. As leis da física tornam possíveis as viagens espaciais, a eletricidade, a medicina, a matemática, a ciência e até mesmo a existência da própria vida. Além disso, essas leis nos ajudam a entender como as coisas funcionam e melhorar nossa situação no universo ao longo do tempo. Ao examinarmos o mundo, poderíamos ter simplesmente descoberto que não havia leis. O físico alemão Georg Ohm, por exemplo, poderia não ter encontrado relação constante entre tensão, corrente e resistência, e a teoria elétrica como a conhecemos teria sido impossível, ou os cientistas que trabalham com eletricidade poderiam ter concluído que todas as coisas no mundo conduzem eletricidade, o que as tornaria muito perigosas para uso diário (um exemplo de "desígnio superficial" que intriga as pessoas). Da mesma forma, Kepler poderia ter descoberto que os planetas não se movimentam de qualquer maneira constante que possa ser identificada, às vezes se movendo em órbitas elípticas, depois em órbitas circulares, em outro momento não seguindo qualquer caminho coerente, e por isso não se pudesse fazer quaisquer previsões sobre eles. Poder-se-ia objetar que, nesse caso, a vida humana jamais teria evoluído, e, por isso, não estaríamos aqui para nos preocupar com nada disso. É quase certo que isso é verdadeiro, mas não altera o fato de que esse é o tipo de universo que muito provavelmente teria existido – sem leis científicas –, se o universo fosse realmente produto do acaso. Existe, portanto, uma ordem maior na natureza, a qual, como explica Swinburne, sugere a existência de um autor do desígnio:

> Se houver uma explicação para a ordem do mundo, ela não pode ser científica, e isso se conclui da natureza da explicação científica [...] explicamos o funcionamento das leis científicas em termos de leis científicas mais gerais [...] explicamos o funcionamento das leis de Kepler em termos da operação das leis de Newton, e explicamos o funcionamento das leis de Newton em termos da operação das equações de campo de Einstein para o espaço relativamente vazio de matéria. A ciência, portanto, explica os fenômenos específicos e as leis de nível inferior em termos de leis de nível superior. Mas, a partir da própria natureza da ciência, ela simplesmente não consegue explicar as leis de nível superior, pois elas são o meio pelo qual explica todos os outros fenômenos.[19]

Os filósofos se opuseram ao argumento do desígnio de várias maneiras. Alguns desafiaram a noção de desígnio com base em que não existe realmente qualquer ordem presente no universo. A ordem que pensamos detectar na natureza é apenas aparente, e não real, sendo uma projeção feita sobre a natureza pela mente humana, talvez da mesma forma como se vê um rosto nas nuvens quando ele realmente não está lá. Esse argumento não é levado muito a sério por vários defensores do argumento do desígnio, porque é difícil ver como a mente humana faz essas projeções, como, por exemplo, as leis da física para a natureza. Essa resposta comprometeria ainda mais seus proponentes com o relativismo epistemológico se eles a promovessem seriamente. Ou seja, iria comprometê-los a dizer que todas as afirmações de conhecimento feitas sobre o mundo físico são projeções e não estão realmente relacionadas ao mundo em si, mas isso prejudicaria a própria ciência (e qualquer outra disciplina) – um preço alto a pagar para promover essa crítica específica ao argumento do desígnio. (Como veremos em capítulos posteriores, essa não será a única vez em que a crítica aos dados que formam a base de vários argumentos teístas tem um preço alto, o que ilustra o grande significado *filosófico* do debate sobre a existência de Deus.) É certamente muito mais razoável acreditar que as leis da natureza estão presentes nela e que nós as descobrimos em vez de as termos inventado. Admitir isso, porém, obriga-nos a encarar a pergunta sobre como melhor explicar a existência delas. Essa primeira resposta parece mais voltada a esquivar a questão do desígnio do que a respondê-la.

A segunda linha de objeção é muito mais interessante. Os seus defensores começam reconhecendo que há ordem no universo, mas argumentam que é mais provável que ela tenha uma explicação naturalista e científica, e, portanto, a passagem a uma explicação sobrenatural é redundante. Alguns apresentam a teoria da evolução como uma boa candidata à explicação natural. Embora eu vá discutir a teoria da evolução de forma mais completa no capítulo sobre religião e ciência, permitam-me esboçar aqui o seu funcionamento como explicação natural para a ordem no universo. A teoria da evolução costuma ser apresentada em resposta àqueles que, como Paley, acreditam que há um propósito na natureza, que a natureza é teleológica – uma visão que, como observamos, remonta a Aristóteles. Essa objeção ao argumento do desígnio é baseada em uma série de afirmações. A primeira é que o processo evolutivo é uma boa explicação da origem da vida e da origem das espécies. A segunda alegação é que a evolução ocorre de forma *aleatória* e envolve ocorrências casuais significativas ao longo do caminho (em outras palavras, a evolução não faz parte do desígnio de Deus; não é direcionada). Tomadas em conjunto, essas afirmações significam que todas as espécies evoluíram naturalmente e por *acaso*, como descreveu Charles Darwin em seu livro *A origem das espécies* (1859). Porém, se todas as espécies se originaram por acaso, segundo o processo conhecido como seleção natural, nenhuma delas precisaria existir, nenhuma delas é necessária, nenhuma tinha que ter a natureza que tem. Mais importante, também significa que a coisa que tanto fascinou Paley – que as espécies parecem tão perfeitamente designadas para seus hábitats específicos – tem agora uma causa natural. O "desígnio" é apenas aparente e se deve ao processo de seleção natural, à sobrevivência do mais apto, etc. Embora o hábitat do pulgão verde, por exemplo, pareça ter sido perfeitamente designado para que esse inseto viva (se não fosse verde, o pulgão não sobreviveria), ele não é nem um pouco designado, e sim evoluiu naturalmente dessa forma ao longo do tempo. Nem todas as espécies sobreviveram ao processo de seleção natural, é claro, mas as que conseguiram, de acordo com a teoria da evolução, foi justamente porque se adequaram naturalmente, devido ao acaso, à vida no ambiente específico no qual acabaram vivendo. (Uma descrição mais completa da teoria da evolução é apresentada no Capítulo 7.)

Essa é uma resposta interessante a uma versão da teleologia – a que enfatiza a adequação dos hábitats a suas espécies, o fato de que a natureza parece ter sido designada com um propósito. A evolução parece ser uma resposta eficaz para qualquer argumento do tipo oferecido por Paley, porque, supondo-se que seja verdadeira, a teoria forneceria uma explicação natural para o propósito da natureza, que foi o foco de Paley. No entanto, a teoria da evolução só se aplica aos sistemas biológicos, não podendo nos ajudar com a *origem* da matéria e da energia, e esse é um erro frequente cometido por alguns conhecidos cientistas contemporâneos, como Francis Crick e Richard Dawkins. Eles costumam falar como se a evolução não só explicasse a origem e a natureza das espécies, mas pudesse explicar a origem de *tudo*, inclusive do universo. Um momento de reflexão irá mostrar que não é o caso. A evolução não pode nos ajudar com o que talvez sejam as nossas duas maiores perguntas sobre o tema da possível existência de Deus:

1. como o universo veio a existir, qual é a sua causa maior e
2. como o desígnio do universo surgiu – "desígnio" aqui entendido como as leis da física.

Cientistas bem conhecidos, principalmente, podem deixar que o seu entusiasmo com relação à teoria da evolução, que consideram como uma teoria que pode explicar tudo, domine o seu suposto compromisso com a razão desapaixonada e as evidências. O livro *O relojoeiro cego*, de Richard Dawkins, ilustra bem esse fenômeno, e é um exemplo de cientista famoso cometendo um erro lógico. Dawkins e outros descuidam da questão de que a evolução não é uma teoria sobre a origem da matéria e da energia. Para que a evolução ocorra, é necessário que a matéria já existente esteja presente em algum tipo de ambiente. Portanto, a evolução *logicamente não* pode ser uma explicação da origem do universo. A teoria da evolução não é suficiente para resolver o principal problema enfrentado por uma explicação naturalista das origens: de onde vieram a primeira matéria e a primeira energia?

Voltando mais diretamente ao argumento do desígnio, que estamos discutindo aqui, a evolução também não pode nos dar uma explicação para as leis da física porque, como todas as teorias científicas, deve *pressupor* essas leis. A evolução é uma teoria da mudança que explica como as espécies evoluem ao longo do tempo em ambientes específicos. Mas a questão central é que essas mudanças irão acontecer de acordo com as leis da física. A matéria e a energia envolvidas irão se comportar, seguir ou obedecer as leis da física da maneira que descobrimos na ciência. Assim, por exemplo, quando um predador mata um guepardo lento (de tal modo que a única coisa que sobra são os guepardos rápidos), é por causa das leis científicas segundo as quais, mantidas as demais variáveis, objetos que se movem em alta velocidade podem ultrapassar objetos que se movem em velocidades mais lentas, e objetos com mais massa podem destruir objetos com menos massa. Ou, quando a água envenena uma determinada espécie de peixe, é por causa da lei que diz que aquela determinada substância química na água destrói a estrutura celular, por exemplo, dessa espécie específica de peixe. Essas são todas as leis básicas da natureza que descobrimos, codificamos e aprofundamos progressivamente, por meio das várias ciências. A evolução não é uma explicação para elas, e sim opera de acordo com elas. É nessas leis que se baseia a segunda versão do argumento do desígnio. Como apontou Charles Taliaferro, "as explicações predominantes da evolução biológica (e suas sucessoras) não abordam questões sobre por que as leis evolutivas ou quaisquer organismos existem".[20]

O filósofo David Hume ficou conhecido por propor várias críticas interessantes ao argumento do desígnio, as quais adotam uma terceira estratégia. Muitas das críticas de Hume se destinavam a apresentar a ideia geral de que, embora possa haver ordem no universo, o argumento da analogia não é muito bom. Em termos gerais, Hume argumentou, é um erro raciocinar a partir do fato de que as coisas ordenadas são feitas por (nossas) mentes inteligentes e chegar à conclusão de que o mundo é ordenado e, por isso, deve haver uma Mente Suprema por trás dele. Hume atacou o argumento da analogia em vários pontos, e, durante bastante tempo, as suas críticas foram levadas muito a sério por filósofos em todos os lados do debate. Isso não se aplica tanto hoje, à medida que os defensores do argumento do desígnio acreditam que as objeções de Hume têm pouco efeito sobre as versões modernas do argumento. Os defensores do argumento do desígnio tendem a sustentar que a analogia, embora não seja perfeita, baseia-se em similaridades razoáveis relacionadas a desígnios e seus autores, enquanto os críticos do argumento tendem a enfatizar as diferenças. O leitor deve examinar as objeções de Hume com isso em mente, ao tentar fazer uma avaliação a respeito de qual lado tem o melhor argumento.

Pelo menos uma das objeções de Hume pode ser descartada rapidamente. O argumento do desígnio, ele afirmou, não nos mostra que Deus é onipotente, onisciente e assim por diante. Hume apela a um princípio para apresentar essa ideia: "Ao inferirmos qualquer causa a partir de um determinado efeito, devemos ajustar um ao outro, e nunca se podem atribuir à causa quaisquer qualidades além das que são exatamente suficientes para produzir o efeito". Richard Swinburne é um dos filósofos contemporâneos que responderam em detalhe às críticas de Hume ao argumento.[21] Swinburne concorda com Hume que o argumento do desígnio, por si só, não nos dá a visão tradicional de Deus, mas o objetivo principal do argumento, ele continua, é mostrar que *existe* um autor, e o que se possa concluir sobre a natureza do autor é uma questão secundária. Não significa que nada possa ser determinado sobre a natureza de Deus a partir do argumento, mas precisaríamos de mais argumentos para obter os atributos tradicionais de Deus, por exemplo. Contudo, Swinburne argumenta que o princípio estabelecido ao qual Hume recorre é muito restrito. Se aceitássemos isso, teríamos que abandonar a ciência, pois sempre é possível inferir racionalmente a partir da causa de um evento *E* mais do que apenas que ela pode produzir esse evento *E*. Se isso fosse o máximo que pudéssemos concluir, seríamos incapazes de acrescentar algo ao nosso conhecimento quando refletíssemos sobre a causa de um evento, e isso significaria, explicitamente, comprometer todo o empreendimento científico.

Hume formula duas objeções baseadas na singularidade do mundo e na dificuldade de concluir que ele é análogo aos artefatos humanos. Eu chamo isso de objeção de "mundo único". O argumento, como já disse, tem duas ênfases. A primeira é que a analogia não funciona, porque só existe um mundo. Se tivéssemos vários mundos que soubéssemos ser causados por deuses, por analogia, poderíamos argumentar que a causa provável de qualquer novo mundo em debate seria um deus. Da mesma forma, se comprássemos vários pares de sapatos em uma determinada loja e eles sempre tivessem sido de boa qualidade, poderíamos inferir que, analogamente, outro par da mesma loja seria de boa qualidade. Mas, se estamos lidando com um objeto diferente, único – uma bicicleta nova, por exemplo –, comprado na mesma loja, o nosso argumento seria frágil se nosso raciocínio análogo se baseasse em nossa experiência com sapatos. Pode-se ver, a partir de um momento de reflexão, que a objeção de Hume não é clara. A consistência ou a fragilidade do argumento dependem, em parte, do que se está comprando e do tipo de loja. Talvez se possa concluir que, se o objeto comprado na loja era radicalmente diferente do tipo de objeto que costumamos comprar lá, o raciocínio análogo pode ser frágil, mas essa conclusão pode nem sempre ser razoável, porque a loja pode ter uma excelente reputação pela qualidade das mercadorias em geral. Em outras palavras, devemos examinar com muito cuidado como os objetos estão sendo comparados, para ver se as semelhanças superam as diferenças. O mesmo acontece com o universo. Talvez Hume esteja mostrando, nessa objeção, a inadequação do método científico de sua época. A ciência atual nos mostra que, como diz Swinburne, se observarmos que A*s são semelhantes a As em algum aspecto importante e relevante, e As forem causados por uma mente, conclui-se que A*s foram provavelmente causados por uma mente. E A* e A são semelhantes, porque ambos apresentam evidências de ordem ou de desígnio.

A segunda ênfase do argumento de Hume parece ser que não podemos usar um argumento que parta da analogia se um dos itens do argumento for o único de seu tipo. Mas isso é verdade? À primeira vista, parece ser um princípio falso, já que estamos raciocinando o tempo todo sobre o universo e, na verdade, a raça humana, mesmo que eles sejam os únicos exemplos de sua espécie. Alguns podem se perguntar se esses exemplos são bons, já que muitas de nossas conclusões sobre o universo e a raça humana não se baseiam em formas análogas de raciocínio. Mesmo assim, algumas de nossas conclusões se baseiam em raciocínio analógico, e esse raciocínio é predominante em muitas áreas da vida, não apenas na ciência. Além disso, o fato de que o universo é o único de seu tipo não pode ser muito importante para a forma de analogia empregada no argumento do desígnio, porque a característica fundamental do argumento é o desígnio, e temos outros exemplos de desígnio na natureza, ou seja, aqueles que produzimos, afinal, é por isso que estamos examinando principalmente semelhanças, e não diferenças ou singularidade.

Hume faz duas outras objeções que giram em torno da conclusão sobre a existência de um autor do desígnio. A primeira é que, se vamos dizer que há um autor do desígnio com base nas evidências de desígnio na natureza, não deveríamos ser capazes de explicar esse designador? Essa é uma objeção interessante, e, obviamente, a natureza do designador é importante, mas dizer que não explica a natureza do designador não é uma crítica real ao argumento do desígnio. O objetivo principal do argumento é mostrar, em primeiro lugar, que *há* um designador, e depois talvez sejamos capazes de dizer algo mais sobre a natureza desse designador, tanto positiva (o designador tem poder e sabe matemática e lógica) quanto negativa (o designador não é como um homem). Esta última questão é importante porque, às vezes, essa objeção é apresentada por Hume e seus seguidores para dizer que devemos concluir que o autor do desígnio é como um homem, para usar a analogia da mente humana criando coisas. Porém, mais uma vez, a questão é que as analogias não são perfeitas. Nenhuma analogia diz que os objetos são iguais em todos os aspectos, e há diferenças óbvias entre o mundo e os artefatos humanos (uma estátua, uma casa, um motor) para nos permitir concluir que o poder e a inteligência do autor do desígnio estão em uma escala muito diferente da nossa. Não podemos fazer um mundo, mas o autor do desígnio do universo pode, e, portanto, há justificativas para concluir que a causa do universo não pode ser um ser humano. Sendo assim, que tal dizer que, assim como com uma casa ou um motor, a causa do universo é um grupo de seres humanos? Não seria essa uma analogia mais próxima, se baseamos a nossa analogia na inteligência e no poder humanos? Por que só um Deus? Os defensores do argumento já responderam a isso, recorrendo ao princípio da Navalha de Ockham (mencionado anteriormente). Esse princípio diz que, se duas hipóteses explicarem algo igualmente bem, mantidas as demais condições, é mais lógico optar pela explicação mais simples entre as duas. "Mais simples", nesse caso, não significa mais fácil de entender, e sim a explicação que contenha a menor quantidade de material explicativo para causar o efeito. E, assim, se aplicarmos esse princípio, podemos concluir que existe um criador do universo, porque só precisamos de um autor do desígnio para fazer o trabalho. Não é necessário postular mais do que um designador.

Um tipo diferente de resposta ao argumento do desígnio nos leva de volta à teoria da evolução e ao que os filósofos chamam de "o problema do mal". Alguns críticos invocam a existência do mal no mundo como um argumento contra o desígnio. A ideia básica por trás do problema da objeção do mal é que a existência do mal no mundo é prova de que Deus não existe, porque o mal parece ser uma espécie de desordem, desunião ou caos, uma chaga sobre a ordem natural das coisas no universo, e, assim, a sua presença sugere que há tanto caos quanto desígnio no mundo. Essa é uma versão do problema da objeção do mal contra a existência de Deus. Ela não pergunta, como faz a versão principal, por que Deus permite o mal, mas argumenta que a presença do mal no mundo aponta para a presença de desordem, e essa é uma evidência contrária à evidência da existência de um desígnio. A alegação é que o argumento do desígnio fragiliza-se consideravelmente se, além da ordem no universo, também vemos muita desordem. Isso pode sugerir que não há qualquer mente por trás das coisas, no fim das contas. O problema da objeção do mal é grave para o teísmo e merece um capítulo próprio (Capítulo 5). Em resposta a essa forma específica de objeção, diremos apenas que a presença do mal não seria uma evidência contrária à ordem no universo, se a ordem fosse entendida como as leis da física. Na verdade, as leis da física a nível prático e cotidiano tornam a existência do mal, além de boa, possível. É por causa da coerência das leis da física que a bala fere a pessoa, que o avião cai, que a cidade inunda. Mas essa objeção pode ser um problema mais difícil para a noção de projeto entendida em termos de desígnio, principalmente se interpretarmos a noção de desígnio em um sentido amplo, para incluir o ponto de vista de que a natureza tende ao bem, que o objetivo do universo é bom, que a criação de Deus é boa, inclusive que este é o melhor de todos os mundos possíveis (Deus criou o melhor mundo que poderia? E, se não, por que não?). Voltaremos a essas objeções e perguntas preocupantes no capítulo sobre o problema do mal.

 É necessário, neste momento, mencionar brevemente a objeção de que a própria evolução é evidência *contra* o desígnio do universo. Esse tópico será abordado mais detalhadamente no capítulo sobre religião e ciência, mas é interessante introduzir o problema aqui – um problema que alguns alegarão ser criado pela evolução para a crença religiosa. O conhecido biólogo evolutivo Stephen J. Gould argumentou, por exemplo, que, se examinarmos os processos de evolução de perto, eles não parecem mostrar evidências de desígnio.[22] Muito pelo contrário, Gould afirma: todo o processo parece mostrar evidências de aleatoriedade, acasos, impasses e golpes de sorte. A evolução envolve uma grande quantidade de desperdício, muitas adaptações não funcionam, algumas espécies sobrevivem, mas, em circunstâncias difíceis, tudo isso seria evidência contra a existência de qualquer ordem ou desígnio por trás da evolução. Ora, é claro, já apontamos como a evolução não é um argumento contra a versão do argumento do desígnio baseada nas leis da física, mas Gould e outros alegaram que ela pode ser um argumento *contra* a teleologia na natureza. E como é um argumento contra a teleologia na natureza, alguns adotaram essa teoria como um tipo de argumento geral para sustentar o ateísmo. Richard Dawkins disse, por exemplo, que não consegue imaginar como alguém poderia ter sido ateu antes de 1859 (o ano em que *A origem das espécies* foi publicada pela primeira vez) e fez a famosa afirmação de que "Darwin tornou possível ser um ateu intelectualmente realizado",[23] o que significa dizer que, de acordo com Dawkins, a evolução é um argumento contra a teleologia, independentemente de Darwin ter pretendido isso ou a utilizado dessa forma (os seus amigos certamente o fizeram, incluindo Thomas Huxley). A visão de que a evolução é um argumento contra o desígnio tem tanta popularidade em certos círculos intelectuais que qualquer discussão contemporânea sobre o argumento (e, na verdade, sobre a defesa geral do teísmo) tem que prestar muita atenção a essa teoria. É por isso que qualquer pessoa educada, sobretudo se estiver seriamente interessada no debate entre religião e secularismo, deve ter um entendimento das principais afirmações da teoria da evolução e das suas implicações filosóficas, teológicas e morais, pois a evolução é uma teoria científica incomum, uma vez que tem implicações profundas para essas outras áreas, diferentemente da maioria das teorias científicas. Embora seja no contexto do argumento do desígnio que a teoria da evolução costume surgir, ela tem implicações interessantes para o debate global entre crença religiosa e secularismo. Esse tópico importante merece, em si, uma discussão completa e será um tema importante do Capítulo 7.

O ARGUMENTO ANTRÓPICO DO DESÍGNIO

Não seria conveniente encerrar a nossa discussão sobre o argumento do desígnio sem uma breve descrição de uma versão ainda mais recente do argumento, que surgiu nas últimas décadas – uma versão fascinante que tem recebido atenção significativa. Conhecida como "argumento antrópico" ou, às vezes, como "princípio antrópico", essa versão gira em torno do conceito que tem sido chamado de "sintonia fina" do universo. A ideia básica é que a ciência atual, principalmente em cosmologia, astronomia e astrofísica, diz que, considerando-se a natureza dos processos envolvidos no *Big Bang*, a probabilidade de as condições adequadas para a sustentação da vida ocorrerem na Terra por acaso é extremamente baixa, a ponto de ser quase incalculável. Alguns pensadores concluíram que a probabilidade de o nosso universo ser adequado para sustentar a vida é tão baixa quanto uma em dez bilhões. Avançando apenas um pouco mais, o argumento antrópico afirma existirem vários fatores que tinham que ter sido exatamente adequados no *Big Bang* para que o universo fosse capaz de sustentar a vida. Essas condições são causalmente independentes entre si, e a probabilidade de cada ocorrência é extremamente baixa, muito menor do que a de todas elas ocorrerem juntas. Essas condições, de acordo com Stephen Hawking, são:

1. a taxa de expansão do universo – Hawking afirma que uma redução da taxa de expansão do *Big Bang*, de uma parte em cem mil milhões de milhões, teria levado a um novo colapso do universo, enquanto um aumento similar também teria produzido um universo diferente do que temos, e
2. a natureza dos elétrons – se a carga elétrica do elétron tivesse sido apenas ligeiramente diferente, as estrelas teriam sido incapazes de queimar hidrogênio e hélio ou não teriam explodido para criar os elementos pesados.[24]

Argumentos semelhantes foram apresentados em relação ao grau de força gravitacional e às forças nucleares fortes e fracas.

Os proponentes do argumento antrópico dizem que esses fatos são tão impressionantes como o de que o universo tem leis e que, quando se reflete sobre o que eles significam, está justificado concluir que apontam para a ideia de que o universo foi designado especificamente para tornar possível a vida como a conhecemos. Esse argumento não diz que a existência de *um* universo era improvável, e sim que a existência do *nosso* universo era tão improvável que chega a não valer a pena levar a sério essa probabilidade. Só temos duas alternativas: que ele tenha sido deliberadamente criado por uma mente inteligente para sustentar a existência de vida ou que simplesmente seja uma coincidência impressionante que isso tenha acontecido. É difícil acreditar na segunda alternativa, dadas as imensas improbabilidades envolvidas. O universo, como teria observado o astrônomo Fred Hoyle, parece "um esquema muito bem pensado"! Esse argumento é difícil de refutar. A teoria do *Big Bang* sustenta claramente as evidências a que se recorre nos argumentos e as probabilidades envolvidas. Embora haja, sem dúvida, alguma especulação envolvida em qualquer cálculo real das probabilidades, parece haver poucas dúvidas de que a ideia geral é válida – que as probabilidades envolvidas são incalculavelmente baixas, mesmo que não haja como ser preciso em relação aos números exatos.

Alguns críticos respondem recorrendo à teoria dos "universos múltiplos". A afirmação básica dessa teoria é que o nosso universo é apenas um entre muitos universos alternativos. Nesse ponto de vista, a probabilidade de pelo menos um desses universos ser capaz de sustentar a vida seria, por conseguinte, mais elevada. Citamos Michael Martin, sobre o argumento do desígnio em geral:

> A improbabilidade da vida pode ser resultado de muitos deuses ou de forças criativas impessoais. Além disso, os cosmólogos desenvolveram outro modelo explicativo naturalista nos termos dos chamados conjuntos de mundos. Eles especularam que o que chamamos de nosso universo – nossa galáxia e outras galáxias – pode ser um entre muitos mundos ou universos alternativos [...] Considerando-se universos suficientes, é muito provável que, em alguns deles, as condições complexas necessárias para a vida fossem encontradas.[25]

O leitor deve refletir a respeito dessas explicações alternativas sobre o desígnio. A conjetura de "conjuntos de mundos" seria demasiado especulativa, *ad hoc*, para servir como resposta eficaz ao argumento antrópico? Será que ela ignora o significado racional das evidências científicas indiscutíveis contidas no *Big Bang*? Ou é uma sugestão razoável exigida pela busca cada vez mais ambiciosa de explicações científicas para fenômenos incomuns? Às vezes, os estudantes levantarão uma objeção diferente a essa versão do argumento do desígnio. Eles argumentam que, como a vida na Terra obviamente existe, o universo tem que ter sido de um tipo que nos produzisse, e, assim, quando olhamos para trás, ao início, as condições que encontramos seriam obviamente adequadas para sustentar a vida, porque são essas condições ordenadas que nos produziram! Isso é verdade, mas não altera o fato de que pode não ter havido ordem no *Big Bang* de modo a produzir vida. Pode ter sido o caso, por exemplo, de que, quando foram descobertos os ingredientes que compõem o *Big Bang*, também se descobriu que quase qualquer combinação de ingredientes teria provavelmente sustentado a existência de vida. Em vez disso, descobrimos que é extremamente difícil que surjam os ingredientes necessários para produzir a vida – lembre-se das probabilidades baixas –, e, mesmo assim, eles surgiram do *Big Bang*. Como observou J.C.C. Smart, "É a sintonia fina que explica (parcialmente) a existência de observadores, e não a existência de observadores que explica a sintonia fina".[26]

Precisamos pensar em nós mesmos, por um momento, como se observássemos o universo e suas atividades do ponto de vista externo. A partir desse ponto de vista, veríamos um universo que é caótico, tanto no início quanto em seu decorrer, e que não pode produzir vida, ou um universo com ordem e regularidade, e que permite que a vida exista. Também observaríamos que a possibilidade de o universo (dadas as condições presentes no *Big Bang*) ser capaz de sustentar a vida é extremamente pequena, e isso sugere que pode ser "um esquema bem pensado". É logicamente possível que o nosso universo acontecesse por acaso, e essa conclusão não pode ser totalmente descartada, mas devemos também refletir sobre se ela é ou não é uma conclusão *provável*. É tão provável como a história do macaco sentado em frente a uma máquina de escrever que bate nas teclas de forma aleatória e simplesmente escreve um exemplar perfeito de Moby Dick? E essa improbabilidade impressionante e as suas implicações para o conceito de desígnio são as ideias centrais do argumento antrópico.

3

Ente necessário, moralidade e milagres

O ARGUMENTO ONTOLÓGICO

O argumento ontológico para a existência de Deus foi proposto pela primeira vez no século XI por Santo Anselmo (1033-1109), arcebispo de Canterbury. Desde então, teve muitas reformulações, principalmente na obra de René Descartes e G.W. Leibniz e, mais recentemente, em Norman Malcolm e Charles Hartshorne. Na verdade, tem havido um ressurgimento considerável do interesse nesse argumento nas últimas décadas. É objeto de debate permanente, e é sempre bom para provocar reação, principalmente em estudantes de graduação. Nosso objetivo aqui é apresentar uma visão geral de algumas das principais formas do argumento e da discussão crítica que ele provocou.

  Houve um debate sobre se, com o argumento ontológico, Anselmo estava apresentando um argumento puramente racional para a existência de Deus ou não chegava a isso. Anselmo tinha sido muito influenciado por Santo Agostinho e, como este, acreditava que a fé tinha certa primazia sobre a razão, motivo pelo qual normalmente não teria considerado como prioridade demonstrar a existência de Deus. Mas Anselmo também é conhecido pela visão de que a razão pode nos ajudar a entender em que acreditamos dentro de nossa fé. "Não busco compreender para poder crer", são suas famosas palavras, "mas creio para poder compreender".[1] Ele tinha discutido o argumento cosmológico em uma obra anterior, o *Monológio*, mas, em um trabalho posterior, o *Proslógio*, ele nos diz ter começado a se perguntar se seria possível encontrar um argumento único que constituísse prova independente da existência de Deus e que fosse suficiente, por si só, para demonstrar que

1. Deus verdadeiramente (realmente) existe, que
2. ele é o Bem supremo, e que
3. ele é todas as outras coisas nas quais acreditamos em relação à substância divina.[2]

Santo Anselmo acreditava que havia encontrado esse argumento no argumento ontológico. (O nome "argumento ontológico" não foi inventado por ele, tendo sido usado pela primeira vez por Kant, em sua *Crítica da razão pura*.)

O argumento ontológico é diferente dos argumentos que examinamos no capítulo anterior em sua abordagem básica à questão da existência de Deus. Os argumentos da primeira causa e do desígnio são alguns argumentos *a posteriori*, ou seja, as suas premissas são conhecidas como verdadeiras, baseadas em fatos da experiência; esses argumentos começam com certos fatos da nossa experiência e chegam a conclusões a respeito de Deus com base nesses fatos. O argumento ontológico não assume a mesma abordagem, e é, antes, um argumento *a priori*. Um argumento *a priori* é aquele em que se sabe que as premissas e conclusões são verdadeiras *independentemente* da experiência, que não se baseia em qualquer recurso à experiência. Então, o que Santo Anselmo está buscando é um argumento que demonstre que Deus existe examinando-se apenas o conceito ou ideia de Deus. Ele acredita ter descoberto uma forma de mostrar que Deus existe, que se baseia unicamente em um exame do *conceito* de Deus. Essa abordagem vai contra a maneira habitual de defender a existência de Deus, que é observar qualquer evidência empírica disponível no universo e então concluir *a posteriori* que Deus existe. A abordagem de Anselmo atraiu muita atenção, não só por seu argumento ser intrigante, mas por ser tão ousado. Porque, como pode ser possível analisar o conceito ou ideia de algo e depois concluir por sua existência apenas com base em nossas reflexões sobre o conceito? Santo Anselmo afirma que, no caso de Deus, isso é possível; que, quando prestamos atenção a esse conceito especial, na verdade, único, veremos que Deus tem que existir.

Anselmo começa o argumento observando que tanto crentes quanto não crentes religiosos entendem por "Deus" "algo a que nada superior pode ser concebido".[3] E a essência da prova ontológica é que, dada essa visão sobre Deus, não se pode negar a existência dele sem contradição.

Geralmente se aceita, no conhecimento moderno, que o argumento pode ser mais bem entendido distinguindo-se duas formas:

1. Um ente é maior se existe na realidade do que se existe no conhecimento. Portanto, Deus, que é o ente maior, tem que existir.
2. Um ente é maior se existe necessariamente do que se existe de forma contida. Portanto, Deus existe necessariamente.

O próprio Anselmo nunca distinguiu claramente essas duas formas do argumento, mas alguns pensadores contemporâneos, sobretudo Norman Malcolm, afirmam ser melhor fazê-lo porque, apesar de algumas críticas poderem ser verdadeiras sobre a primeira forma, não se aplicam à segunda.

Comecemos por analisar a primeira forma do argumento, que nos permitirá fazer uma exposição da linha geral de raciocínio de Anselmo. Ele está preocupado em mostrar que, dada a nossa compreensão de Deus como "algo a que nada superior pode ser concebido", a existência de Deus não pode ser negada sem contradição. Para ilustrar ainda mais esse ponto, ele faz uma distinção entre um objeto existente na realidade (*in re*) e no conhecimento (*in intellectu*) e afirma que, se um ente existisse apenas no conhecimento, um ente maior do que esse ente poderia ser concebido, ou seja, um ente que exista na realidade. Ora, Deus, a quem concebemos como o maior ente possível, como aquele acima do qual "nada maior pode ser concebido", deve existir na realidade, pois se Deus existisse apenas no conhecimento, então Deus não seria o ente mais perfeito. Ou seja, se concebemos Deus como existente apenas em conhecimento, então não o concebemos como o maior ente possível, porque um ente concebido como existente seria um ente maior. Como diz Anselmo: "E, certamente, aquele acima do qual não se pode conceber nada maior não pode existir apenas em relação ao conhecimento. Pois, se existe pelo menos em relação ao conhecimento, pode-se conceber que exista também na realidade, que é maior".[4] Assim, de acordo com Anselmo, além de ter vários atributos como onisciência, onipotência e assim por diante, Deus também tem o atributo (ou propriedade, característica) da *existência na realidade*. Isso faz parte do que queremos dizer com "Deus". A existência na realidade parece ser considerada por Anselmo como mais uma perfeição de Deus.

A primeira forma do argumento foi criticada por Gaunilo na própria época de Anselmo, e por Kant, mais tarde, bem como por muitos escritores modernos, em função de a existência *não* ser uma perfeição das coisas.

Gaunilo, contemporâneo de Anselmo, levantou a objeção que talvez venha com mais facilidade à mente quando se pensa sobre o argumento ontológico pela primeira vez. O raciocínio é infundado, Gaunilo diz, porque se poderia usá-lo para demonstrar a existência de *qualquer coisa* perfeita. Por exemplo, poderíamos usar o argumento para provar a existência de uma ilha perfeita exatamente nas mesmas bases em que Anselmo deduziu a existência de Deus. A ilha perfeita, definida como "mais excelente do que todas as terras", deve existir, Gaunilo sustentou, pois, caso contrário, "qualquer outra terra que exista na realidade seria mais excelente do que essa ilha, e essa ilha, que se entende como a mais excelente de todas as terras, já não seria a mais excelente".[5] Gaunilo está dizendo que, se alguém nega que a ilha perfeita (que se aceita considerar a ilha *mais perfeita*) seja a ilha mais perfeita porque uma ilha que realmente existe é maior, então simplesmente *falhamos* em conceber adequadamente a ilha perfeita. Em particular, falhamos em concebê-la *como existente*. Contudo, é claro, o argumento não pode ser usado para demonstrar a existência de uma ilha perfeita e, do mesmo modo, não pode ser usado para mostrar que Deus existe.

Infelizmente, Gaunilo comete o erro de conceber a ilha perfeita como maior do que todas as outras coisas existentes, em vez de todas as outras que sejam concebíveis. Ele não conseguiu atentar plenamente para o conceito de Deus. Anselmo rejeitou a sua crítica nessa questão, porque declarou que a existência de Deus é *única*. Aquele "a que nada superior pode ser concebido" é um conceito que só pode ser aplicado a Deus. Não porque ele esteja escolhendo Deus para receber atenção especial ou tentando provar que Deus existe, por definição, mas porque, logicamente, só pode haver *um* ente maior, e este é Deus. Então, se *concebemos* o maior ente possível, esse ente deve existir, e será Deus. O argumento ontológico não pode ser usado para provar a existência de qualquer outra coisa. Ele só funciona para um ente – o maior ente de todos, aquele acima do qual nada superior pode ser concebido. Essa descrição só pode se aplicar logicamente a um ente, e esse ente é Deus.

No entanto, alguns acreditam que a crítica de Gaunilo contém as sementes de uma linha de ataque válida contra o argumento. Immanuel Kant tentou enunciar as críticas de Gaunilo de forma mais incisiva: "Não importa por meio de quantos e quais predicados possamos pensar uma coisa – mesmo se a determinarmos completamente –, nada acrescentamos à coisa ao declararmos que a coisa é. Caso contrário, não seria exatamente a mesma coisa que existe, mas algo mais do que tínhamos pensado no conceito, e não poderíamos, portanto, dizer que o objeto exato do meu conceito existe".[6]

Kant está negando que a existência de um objeto possa ser uma propriedade (ou perfeição) do objeto. Isso porque ela nada acrescenta à coisa, ao contrário do que afirma Anselmo. A sua função é, antes, postular ou afirmar uma realidade que corresponde a um conceito, e assim Kant argumenta que a crítica inicial de Gaunilo é justificada, pois ele dizia que Anselmo deve mostrar que a excelência (ou a perfeição) dessa ilha só acontece no meu conhecimento, da forma que uma coisa que realmente existe acontece no meu conhecimento, e não da forma em que uma coisa que seja meramente possível ou duvidosamente real acontece em meu conhecimento. Porém, isso só poderia ser feito se pudéssemos mostrar que a ilha perfeita existe e corresponde ao nosso conceito. Mas, se a existência só pode ser considerada como conotação de uma realidade correspondente ao nosso conceito, não seria correto dizer que uma coisa é maior se existe na realidade do que se existe no conhecimento. Só é verdade dizer que, se existe na realidade, ela corresponde ao nosso conceito, mas isso não seria suficiente para mostrar que a existência na realidade é uma propriedade do conceito de Deus, porque isso só significa que nada pode ser chamado de Deus a menos que realmente exista. Isso pode ser verdade, mas não provaria que Deus existe. Anselmo não levou a sério a distinção entre coisas e conceitos e, consequentemente (nessa primeira forma do argumento ontológico), não provou a existência de Deus, segundo Kant. Isso nos leva à segunda forma do argumento.

Como mencionado, alguns pensadores, incluindo Norman Malcolm, já declararam que se pode discernir uma segunda forma de argumento ontológico no terceiro capítulo do *Proslógio*, uma forma que afirma que, mesmo se a existência contingente (mencionada na primeira forma) não for uma perfeição de Deus, a existência *necessária* o é, donde se conclui que Deus existe necessariamente por definição.[7] Já tivemos a oportunidade de empregar a distinção entre existência contingente e necessária em nossa discussão sobre o argumento cosmológico no Capítulo 1. Observamos que um ente contingente é um ente que não teria que existir, cuja existência depende de outra coisa, um ente que não está no controle metafísico de sua própria existência. Já um ente necessário é um ente que sempre existiu, cuja existência não depende de qualquer outra coisa. Para apresentar essa questão em termos de conceitos, podemos dizer que um ente necessário é um ente cuja inexistência não se pode conceber, enquanto um ente contingente é um ente que se pode conceber que não exista. E a segunda forma do argumento afirma que é isso que Santo Anselmo quer dizer, quando trata do conceito de Deus. Para ele, Deus é um ente cuja inexistência não pode ser concebida, um ente necessário, e, assim, argumenta que o tolo do Salmo (14:1) que diz que em seu coração Deus não existe está falando sobre a existência de Deus como se fosse uma existência contingente, como se Deus fosse um ente contingente. Mas a existência de Deus é necessária, Deus é o ente que não pode deixar de ser, e é impossível sustentar que um ente necessário possa não existir. A existência necessária, de acordo com essa versão do argumento de Anselmo, está envolvida no próprio conceito de Deus. O tolo compreende que Deus deve ser concebido como um ente necessário, mas ainda pensa que Deus simplesmente existe por toda a eternidade (assim, realmente vê Deus como um ente *contingente*, que simplesmente existe). No entanto, essa forma do argumento sugere que, se realmente nos ativermos a esse conceito único, veremos que Deus existe necessariamente, o que significa que ele não pode deixar de ser.

Antes de tratarmos de alguns problemas levantados pelos filósofos em relação a esse ponto de vista, devemos observar que, em debates recentes sobre o argumento ontológico, alguns propuseram que a noção de ente necessário tem dois sentidos e que é importante mantê-los distintos para a nossa compreensão do argumento ontológico. É possível distinguir entre um ente logicamente necessário e um ente factualmente necessário. Malcolm argumenta que Santo Anselmo está se referindo ao conceito de ente logicamente necessário; além disso, afirma que tal interpretação é imune à crítica tradicional. Um ente logicamente necessário é aquele cuja existência não pode ser negada sem contradição; já um ente factualmente necessário é aquele cuja existência depende apenas de si, e não de qualquer outro ente. Porém, essa distinção está longe de ser clara e não parece fiel aos textos de Santo Anselmo. Parece que um ente factualmente necessário é o que Anselmo quer dizer e o que geralmente queremos dizer, quando afirmamos que Deus é um ente necessário. O conceito de ente logicamente necessário parece demasiado próximo de dizer que Deus existe por definição. John Hick argumentou que Anselmo estava se referindo a um ente factualmente necessário e concebeu Deus como "uma realidade absoluta, maior e incondicional, sem origem nem fim", como ente factualmente necessário.[8] Após uma leitura atenta do *Proslógio*, é difícil concordar com a ideia de que Santo Anselmo estava usando uma noção do que é "necessário" diferente da visão tradicional. Os seus próprios contemporâneos, como Gaunilo, certamente teriam questionado essa discrepância.

A necessidade a que Santo Anselmo se refere com relação a Deus reside no fato de que este tem uma existência independente e eterna, e não depende de nada fora de si.

No entanto, mesmo que Anselmo não se referisse a Deus como ente logicamente necessário, a opção, de acordo com Malcolm e Charles Hartshorne, ainda é aplicável ao argumento ontológico e, por conseguinte, deve ser considerada. Malcolm afirma que, quando o conceito de Deus é corretamente entendido como um ente logicamente necessário, vê-se que não se pode negar a sua existência sem contradição, porque não se está fazendo justiça ao conceito. Ele escreve: "Uma vez que se tenha entendido a prova de Santo Anselmo da necessária existência de um ente superior acima do qual nada superior pode ser concebido, não resta dúvida quanto a se ele existe ou não".[9] Charles Hartshorne aprofundou essa questão; afirma que, se a ideia de Deus não é absurda, então Deus deve existir.[10] Isso porque a existência de Deus não pode ser meramente "possível". Hartshorne concorda com Malcolm em que um ente necessário é impossível ou real[11] e continua a argumentar que a autoexistência é um predicado que pertence necessária e exclusivamente a Deus, pois é parte do predicado da "divindade". Hartshorne insiste em que o argumento ontológico muitas vezes é interpretado como afirmando que, se o ente necessário simplesmente existisse – isto é, se existisse como mero fato contingente –, então ele existe não como fato contingente, mas como verdade necessária. Isso, é claro, é ridículo, mas é uma formulação equivocada do argumento, de acordo com Hartshorne. O que deveríamos estar dizendo é que "se a expressão *ente necessário* tem algum sentido, então o que ela significa existe necessariamente, e, se existe necessariamente, então, *a fortiori*, existe". Outra maneira de dizê-lo, ele sustenta, é afirmar que "aquilo que existe necessariamente, se existir", é o mesmo que "aquilo que é concebível, se o for, somente se existir". E, sendo concebível, o ente necessário é, portanto, real. Hartshorne e Malcolm sustentam que não é a existência que é uma propriedade de Deus, mas a existência *necessária*.

No entanto, em uma reflexão mais detalhada, podemos razoavelmente perguntar se é correto dizer que ser logicamente necessário é uma perfeição de Deus. Se Deus é entendido como um ente logicamente necessário, é difícil entender como isso não significaria que a declaração "Deus existe" é verdadeira por definição, mas dizer isso seria esquivar-se da questão de provar a existência real de Deus. É claro que há um sentido no qual dizer que Deus é um ente necessário implica que Deus seja um ente logicamente necessário, mas isso só é verdade se Deus *realmente* existir.

(São Tomás de Aquino diz isso em sua crítica ao argumento ontológico, afirmando que, ao contrário de qualquer outra coisa criada, a existência de Deus é, em si, autoevidente – a existência *é* a sua essência –, mas São Tomás considera que esse fato não é evidente para *nós*.) Considerando que um ente necessário é um ente que não pode deixar de ser, então, se tal ente existisse, não haveria sentido no qual a existência de Deus seria logicamente necessária. Mas, para estabelecer essa conclusão, certamente teríamos que saber que Deus realmente existe. Invertendo a questão, *apenas sabendo que Deus é um ser factualmente necessário, poderemos saber se a existência de Deus também é logicamente necessária*, de forma que a necessidade factual deve ter prioridade.

A afirmação de Malcolm parece ser de que, a menos que seja concebido como ente logicamente necessário, Deus não pode ser considerado como um Deus perfeito, porque, se concebemos Deus como ente factualmente necessário, pode-se duvidar de sua existência. Mas é impossível duvidar da existência de Deus, de acordo com Malcolm, porque isso implicaria uma contradição no próprio conceito de Deus. Se pudermos duvidar da existência de Deus, ele parece estar dizendo, não observamos plenamente o conceito de Deus, de modo que Deus deve ser entendido como ente logicamente necessário. Mas Malcolm está certo sobre isso? Parece bastante possível *conceber* Deus como ente perfeito, mas factualmente necessário, e ainda assim questionar se esse Deus existe ou não. Tudo o que se estaria dizendo, na verdade, é que se pode duvidar da existência de Deus, porque não provamos que ele, concebido como ente necessário, realmente existe. Parece sempre legítimo duvidar da existência de Deus do ponto de vista metafísico. É verdade que um determinado indivíduo pode não ser capaz de duvidar da existência de Deus do ponto de vista psicológico, mas estamos falando aqui de dúvida metafísica.

Esse problema da noção de ente logicamente necessário – de que é possível negar a existência de Deus sem contradição – pode ser fatal para todo o argumento ontológico. Pois, se é possível negar a existência de Deus sem contradição, a afirmação de que Deus é um ente necessário (na segunda forma do argumento) não prova, na verdade, a existência de Deus, defendida por Santo Anselmo e, mais tarde, Hartshorne. Mais uma vez, o problema foi bem formulado por Kant:

> Postular um triângulo e ainda assim rejeitar os seus três ângulos é contraditório, mas não há nenhuma contradição em rejeitar o triângulo juntamente com os seus três ângulos. O mesmo se aplica ao conceito de ente absolutamente

necessário. Se sua existência for rejeitada, rejeitamos a coisa em si com todos os seus predicados, e questão alguma de contradição pode, então, surgir.[12]

Somente se alguém soubesse que o conceito de "aquilo acima do qual nada maior pode ser concebido" não era autocontraditório – ou seja, se *soubesse que Deus realmente existe* –, poderia aceitar o argumento ontológico da maneira formulada por Santo Anselmo e seus seguidores.

Mas não se sabe se esse ente existe ou se poderia existir, e é justamente de nosso conhecimento disso que o argumento ontológico parece depender. É o que São Tomás de Aquino quer dizer quando afirma que o conceito de Deus não é autoevidente para nós. Se fosse, o argumento ontológico funcionaria, porque veríamos que Deus existe! Mas não podemos ver isso, porque não podemos ter certeza, do nosso ponto de vista limitado, como seres humanos, de que o conceito de ente factualmente necessário é contraditório ou não. Podemos acreditar que, muito provavelmente, ele não é contraditório (como vimos em nossa discussão anterior sobre o argumento cosmológico), mas não temos certeza, e parece que precisamos de certeza para que um argumento *a priori* a favor da existência de Deus funcione. Observar que a existência de um ente necessário é provável não seria suficiente para demonstrar que Deus existe a partir de uma análise apenas do conceito de Deus, embora Alvin Plantinga e outros tenham razão quando dizem que não podemos simplesmente descartar o argumento ontológico com base na ideia de que o conceito de ente necessário é incoerente, como acreditam que Hume e Kant chegaram perto de fazer. Mas, mesmo se levarmos o conceito a sério, e eu acredito que ele seja muito provavelmente inteligível, o argumento ontológico parece forçar demais ao argumentar que podemos avançar até a existência real de Deus a partir apenas de um estudo do conceito.

DEUS E MORALIDADE

Vários filósofos têm defendido um argumento moral a favor da existência de Deus, entre eles Immanuel Kant, John Henry Newman e C.S. Lewis. O argumento moral é mais um dos que recorre às intuições das pessoas comuns (junto com os argumentos da primeira causa e do desígnio). A ideia básica por trás do argumento é de que a existência de valores morais objetivos e de toda a ordem moral objetiva se justifica melhor se Deus existir. O argumento está relacionado à justificação de nossa experiência moral comum e faz a pergunta: como melhor se justificam os valores morais objetivos?. O argumento não está perguntando se é realmente possível levar uma vida moral sem acreditar em Deus, nem como Deus escolhe os valores morais que se tornam a base da ordem moral. Em vez disso, baseia-se na ideia de que uma coisa é ter e praticar valores morais objetivos, mas outra, mais difícil, é projetar a justificação desses valores. Sabemos que o genocídio de Hitler contra os judeus foi moralmente errado e que a libertação dos escravos por Lincoln foi moralmente correta; que o aluno provocador da escola que rouba o dinheiro de almoço do próximo fez algo errado e que o empresário que faz uma grande doação anônima para a instituição de caridade local fez algo moralmente louvável. Esses juízos de valor apelam a uma ordem moral objetiva. Embora possamos nem sempre concordar sobre o que é objetivamente moral (ainda que Lewis argumente que, por vezes, subestimamos a concordância moral entre as culturas), temos uma crença básica de que *existe* uma ordem objetiva e que algumas coisas são claramente certas e outras claramente erradas. Kant expressou isso dizendo que há duas coisas que enchem a mente com espanto e admiração: "O céu estrelado acima de mim e a lei moral dentro de mim". A conclusão do argumento moral é de que a visão religiosa de mundo oferece uma descrição explicativa geral melhor e mais plausível sobre a justificação dessa ordem moral objetiva do que a visão de mundo secularista.

Como a maioria dos argumentos para a defesa da existência de Deus, o argumento moral tem várias versões. Examinaremos primeiro a forma do argumento que ficou famosa com Kant e, em seguida, uma versão mais geral que se pode aceitar, mesmo não sendo seguidora de Kant. O argumento de Kant é uma consequência de sua teoria moral, que é fascinante, complexa e muito debatida. Felizmente, só precisamos de uma visão geral dos temas básicos da teoria moral de Kant para apreciar o seu argumento moral a favor da existência de Deus. Kant argumenta que a única coisa que é boa sem qualificação, que é intrinsecamente boa ou boa em si mesma, é a boa vontade. Mas uma boa vontade é uma vontade que age em nome do dever, e não do desejo. Fazemos o que é certo, de acordo com Kant, porque *devemos* fazê-lo, não porque gostemos de fazê-lo necessariamente nem porque fazê-lo seja do nosso interesse. Ele prossegue argumentando que os seres racionais e livres, como os seres humanos, seguem máximas morais objetivas, que são princípios morais formais destinados a fazer o que é certo porque é certo, e não porque estejamos visando a um bem ou propósito global. Fundamentando a motivação moral nesses tipos de máximas, Kant argumenta que realizaríamos a ação moral correta na maioria das vezes, ao passo que, se basearmos a nossa motivação moral exageradamente em nossos desejos (no que *gostamos* de fazer, e não naquilo que *devemos* fazer), encontraremos muitas desculpas para evitar fazer o que é certo. Isso se aplica particularmente a nossas obrigações morais, uma das mais desafiadoras áreas do comportamento moral. Uma obrigação moral pode ser definida como uma ação que sabemos moralmente que devemos fazer, mas não queremos realmente fazer. Kant acredita que a sua teoria ética salvaguarda essa área da moralidade e garante que estejamos devidamente motivados para cumprir as nossas obrigações. Assim, a teoria moral de Kant faz do dever e da motivação os principais fatores na moralidade para seres racionais e livres, como os seres humanos.

Kant suspeita de teorias éticas, tais como as de Aristóteles, que argumentam que fazer a coisa certa é bom não apenas em si, mas por um propósito. Para Aristóteles, o propósito da ação ética é a felicidade, que ele definiu como uma atividade da alma de acordo com a razão e a virtude. Em suma, Aristóteles relaciona virtude e felicidade, e argumenta que uma das razões básicas para sermos morais é porque isso traz felicidade geral, tanto para nós mesmos quanto para os outros. Kant diria que essa visão da natureza humana é demasiado idealista, porque há muitas ações morais que não parecem estar conectadas à felicidade ou à realização humana, por exemplo, obrigações morais tais como ajudar um vizinho doente. Kant considera que, se vincularmos a moral demais à felicidade e à realização humanas, muitas vezes seremos tentados a fugir de nossas obrigações morais. Precisamos de uma teoria que salvaguarde essas obrigações, e a sua "ética do dever" faz isso melhor do que nada.

No entanto, Kant concorda com Aristóteles em que uma vida ética deve trazer felicidade *no final*, e isso se torna a base do seu argumento moral para a existência de Deus. Ele argumenta que, para que a ordem moral tenha força racional para os seres humanos, a prática da virtude e uma recompensa pela vida virtuosa devem andar juntas, de alguma forma. Virtude e felicidade devem ser distribuídas proporcionalmente entre si: quanto mais força, mais felicidade.[13] Essa é a única forma em que a ordem moral objetiva pode fazer sentido para um ser racional. Embora, para Kant, nosso comportamento ético possa ter diferentes motivações, e o dever deva ser a principal, a motivação *maior* para a nossa crença em uma ordem moral objetiva tem que ser a de que a prática moral traz consigo algum tipo de recompensa na forma de felicidade. Outra maneira de apresentar isso é dizer que deve haver alguma esfera da justiça maior na ordem moral, em que o comportamento virtuoso seja recompensado e o comportamento imoral seja punido, em que se faz um julgamento sobre as ações de Hitler e Lincoln, por exemplo. No entanto, Kant aponta, nessa vida, a virtude e a felicidade são visivelmente distribuídas de forma desigual; é óbvio que a vida moral não garante a felicidade nem a justiça em nossas vidas, pelo menos não para muitas pessoas. E há uma abundância de situações morais cotidianas comuns, em que todos nós nos encontramos de vez em quando, nas quais muitas vezes parece que seria simplesmente mais fácil fazer a coisa errada e criar menos problemas para nós mesmos. Então, por que deveríamos fazer o que é certo? A resposta de Kant é que, para que todo o empreendimento da moralidade tenha sentido, temos que desejar (ou "postular") uma relação adequada entre virtude e felicidade, e isso envolve desejar que a moralidade objetiva se baseie na existência de Deus. Nas palavras dele: "É moralmente necessário pressupor a existência de Deus".[14] Só se houver uma esfera em que a virtude e a felicidade sejam distribuídas proporcionalmente – em que a vida moral seja recompensada e traga felicidade e justiça –, viver de acordo com valores morais objetivos pode ser considerado racional. Se não chegarmos a ver que Deus é o fundamento da ordem moral objetiva, a ordem moral não terá justificação, e essa falta de justificação acabará por afetar o nosso comportamento moral para pior.

É importante ressaltar que Kant não está dizendo que, se queremos acreditar em valores morais objetivos, devemos fingir que Deus existe para que a ordem moral objetiva pareça racional e permita-nos ter a motivação adequada para o nosso comportamento moral. Ele está dizendo que, dado que estamos comprometidos com valores morais objetivos como forma mais racional de viver, *temos* de acreditar em alguém objetivo que faz as leis, como fonte maior desses valores. O argumento é simples: como a crença e o compromisso com uma ordem moral objetiva são completamente racionais e, na verdade, inevitáveis, Deus deve existir. Assim, talvez paradoxalmente, embora fosse crítico dos argumentos cosmológico e ontológico, Kant era defensor da teologia natural e apresentou esse argumento moral para a existência de Deus.

O argumento de Kant pode ser enunciado de uma forma um pouco mais geral, que não exige que se aceite a sua teoria moral específica. O argumento geral diz que, para acreditar e praticar valores morais objetivos, para ter uma ordem moral objetiva, é necessário ter um *fundamento* objetivo para esses valores, e a existência de Deus é a melhor maneira de fundamentar ou justificar a ordem moral. Olhando a questão de outro ponto de vista, poderíamos dizer que a melhor explicação para a ordem moral objetiva é que ela foi planejada por Deus e posta em prática durante a criação. Não podemos ter, o argumento continua, leis sem legislador, valores morais sem juiz, equidade e justiça na ordem moral sem um árbitro maior. O cosmos, como argumentou C.S. Lewis, é o tipo de lugar que tem claramente uma ordem moral objetiva, e isso sugere um Ente absoluto, que é a base dessa ordem moral.[15] Talvez se possam apresentar outras explicações para a ordem moral objetiva, e examinaremos algumas delas em seguida, mas os defensores do argumento moral afirmam que o teísmo é *a melhor* explicação para eles, uma explicação mais convincente do que qualquer alternativa naturalista ou secularista. O empreendimento da moralidade como um todo é muito difícil de entender, justificar e viver para os seres humanos, se não houver justiça maior nessa ordem. A única maneira de haver justiça maior é, como indicou Kant, se Deus existir e for a fonte maior dessa ordem moral.

O argumento de que o teísmo é a melhor explicação global para os valores morais objetivos não deve ser subestimado. Esse argumento se baseia no padrão lógico de raciocínio chamado inferência da melhor explicação, um padrão de raciocínio baseado em perguntar qual, considerando-se todas as evidências, é provavelmente a explicação melhor ou mais provável para um dado fenômeno. Os filósofos da religião costumam usar esse raciocínio para desenvolver o que ficou conhecido como argumento das defesas cumulativas à existência de Deus. A estratégia do argumento cumulativo é que uma coisa é examinar os argumentos individualmente, situação na qual vemos que muitos deles têm mérito, mas quando consideramos todos esses argumentos razoáveis *em conjunto*, a defesa da existência de Deus se torna muito mais forte. Muitas linhas de raciocínio apontam para a existência de Deus, sustenta o teísta, e todas elas se reforçam mutuamente com efeito cumulativo, por assim dizer. Alguns filósofos aplicam essa estratégia geral ao argumento moral, e sustentam que, tendo em conta os outros argumentos para a existência de Deus, principalmente os argumentos cosmológico e do desígnio, que apontam independentemente para uma causa inteligente e maior do universo, é ainda mais provável que exista um autor maior das leis. E é por isso que temos uma ordem moral objetiva, e essa ordem parece ser uma parte natural do universo. Parece haver uma relação natural, em suma, entre a existência de Deus e a existência da moralidade objetiva. Pode muito bem haver outras explicações que se poderiam oferecer para a existência de moralidade objetiva, mas a existência de Deus, defende o teísta, é a melhor delas.

Pode-se criticar o argumento moral para a existência de Deus afirmando-se que, na verdade, não existem padrões morais objetivos, não existe qualquer ordem moral objetiva, e, portanto, não há nada em que fundamentar a existência de Deus. Friedrich Nietzsche (1844-1900) argumentou, nessa linha, que os seres humanos são feixes de desejos e pulsões e que os que são os mais fortes ou mais poderosos terão maior êxito na promoção de seus próprios valores morais subjetivos. E, mesmo que muitas pessoas tenham agido e ainda ajam como se houvesse padrões morais objetivos – acreditando, digamos, na visão de que o assassinato é objetivamente imoral –, elas estão erradas a esse respeito. Ao longo do tempo, foram propostas versões desse argumento, mas Nietzsche, como muitos pensadores modernos que falam como se rejeitassem a moralidade completamente, muitas vezes se contradisse ao fazer alguns juízos morais objetivos! A aceitação de qualquer versão do relativismo moral ou mesmo do ceticismo moral seria um preço alto a pagar para bloquear o argumento moral. Embora este não seja o lugar para se fazer um debate aprofundado entre relativismo moral e objetivismo moral, é verdade que o primeiro tem problemas sérios que fazem dele uma teoria pouco atraente para a maioria das pessoas. Ainda que muitos usem a linguagem do relativismo hoje, e muitos jovens, principalmente, flertem com a teoria, poucos realmente a sustentam e a praticam como a visão filosófica correta da moralidade. Isso porque não é possível criticar os pontos de vista morais dos outros se você for um relativista moral, nem é possível sustentar o progresso moral nem reformadores morais. Sendo assim, acredito que se pode dizer que poucos irão defender o relativismo moral com vistas a bloquear o argumento moral. Parece que a crença e o compromisso com a moralidade objetiva vieram para ficar, de modo que a existência de uma ordem moral objetiva precisa de explicação.

Alguns pensadores tentarão oferecer um fundamento diferente para a moralidade objetiva do que a existência de Deus e o seu plano moral para a humanidade. Os secularistas modernos tendem a considerar que os valores morais objetivos podem ser justificados de alguma forma naturalista, apesar de existirem poucas descrições detalhadas de como seria essa explicação, se é que existem. Eles podem tentar fundamentar os valores morais objetivos na existência da natureza humana, por exemplo. A natureza humana pode ser definida como um conjunto de traços e características que todos os seres humanos compartilham, que não são meramente biológicos e que têm especial relevância para a moralidade. Essas características podem incluir razão e livre-arbítrio, as virtudes morais, a necessidade de desenvolver o caráter moral de uma determinada maneira e a necessidade de relações humanas. Envolveria, portanto, um apelo a uma estrutura moral objetiva que seria compartilhada por todos os seres humanos. A teoria ética de Aristóteles se baseia, em grande parte, nessa visão da natureza humana. Na verdade, essa é uma das razões pelas quais São Tomás de Aquino considerava a teoria ética de Aristóteles atrativa, porque ela oferecia uma maneira de justificar uma ordem moral objetiva rica sem necessariamente fundamentá-la na crença religiosa. Portanto, parece ser uma forma de justificar valores morais objetivos sem precisar apelar para um legislador eterno.

No entanto, existem dois problemas associados a essa forma de defender a moralidade objetiva que ateus e secularistas modernos têm de enfrentar. Primeiro, o conceito de natureza humana tem inegáveis conotações religiosas, porque ainda teríamos de lidar com a questão importante sobre onde obtemos a nossa natureza humana. E a resposta habitual a essa pergunta dos filósofos que defenderam a ideia é que nós a obtemos de Deus. Deus criou os seres humanos com uma certa natureza, da mesma forma que criou todos os tipos de vida com naturezas específicas. É isso que significa dizer, em parte, que os seres humanos são feitos à imagem de Deus. Parece razoável pensar que qualquer natureza comum que os seres humanos dividam deve ter uma explicação e que essa explicação vai envolver um Criador. Assim, podemos estar de volta a onde começamos! Mesmo que se insista em uma leitura estritamente ateísta da explicação de Aristóteles para a natureza humana, a sua visão ainda apela crucialmente à noção de *teleologia* na natureza, uma noção que mais tarde se tornou parte do argumento do projeto e com a qual o secularismo moderno tem considerável dificuldade.

Isso nos leva ao segundo problema. É difícil para os secularistas modernos defender a moral apelando à natureza humana, porque uma explicação puramente naturalista, científica, da realidade e da existência da vida, inclusive da vida humana, parece não deixar espaço para a existência da natureza humana. Essa abordagem costuma eliminar completamente o conceito de teleologia da história da vida e apelar ao darwinismo (entendido como processo natural impulsionado por simples acaso e eventos aleatórios, como veremos no Capítulo 7) como responsável pela existência e, principalmente, pela *natureza* das espécies. Isso significa que a natureza específica que determinada espécie acaba tendo (digamos, os seres humanos) se deve ao acaso, e não a um desígnio, o que pode tornar mais difícil para o secularista argumentar que há qualquer coisa absolutamente necessária, qualquer coisa realmente objetiva, em relação aos nossos valores morais. Em suma, se alguém acredita que os seres humanos são apenas o produto de processos aleatórios e naturalistas, é difícil argumentar que haja qualquer coisa *essencial* ou *necessária* em nossa natureza e, portanto, mais difícil argumentar que essa natureza possa ser a base da moralidade objetiva. Como observou Charles Taliaferro, "em um cosmo teísta, os valores estão no centro da realidade, enquanto, para a maioria dos naturalistas, os valores são emergentes, surgindo a partir de processos evolutivos que não são, em si, nem intrinsecamente bons, nem ruins".[16]

Existem alternativas? Pode-se tentar fundamentar a moralidade na boa vontade dos seres humanos, mas vimos que esse conceito levou Kant de volta à existência de Deus. Poderíamos tentar fundamentar a moralidade objetiva em uma doutrina dos direitos naturais, à maneira de Locke e dos pais fundadores norte-americanos, ao mesmo tempo que se nega o seu outro argumento – o de que esses direitos naturais vêm de Deus. Achar que o argumento moral é convincente ou não dependerá, em parte, de achar que outras tentativas de fundamentar a moralidade objetiva têm probabilidades de êxito. O defensor do argumento acredita que as alternativas não são promissoras, e que é por isso que o argumento moral é um argumento plausível para acreditar em Deus.

O ARGUMENTO BASEADO NOS MILAGRES

Provavelmente é verdade que a razão de muitas pessoas para acreditar que Deus existe se baseia sobretudo em sua crença de que Deus fez milagres. O conceito de milagre dessas pessoas pode abranger muitos tipos bem diferentes de eventos. Por exemplo, algumas podem se voltar a uma vida de oração, porque acreditam que Deus realizou um milagre ao curá-las de uma doença; outras podem pensar que não foi por acidente que se tornaram filósofos, enfermeiros ou um político; outras, ainda, podem ser gratas porque não ficaram feridas em um acidente de carro. Muitos desses incidentes, grandes e pequenos, em torno da vida de uma pessoa, são muitas vezes responsáveis por gerar uma apreciação do que poderíamos chamar a experiência do miraculoso, e um indivíduo, muitas vezes, considerará isso como uma espécie de evidência da existência de Deus. Muitas das religiões do mundo também dão forte ênfase aos milagres como parte de sua visão geral de mundo. O argumento dos milagres, enunciado mais formalmente, diz que certos tipos de milagres acontecem em nossa experiência e que a existência de Deus é a melhor explicação para esses eventos.

Embora tenhamos apresentado vários exemplos do tipo de evento que as pessoas costumam considerar milagres, é importante, quando se pensa sobre esse argumento, sermos claros sobre o que entendemos por milagre. No debate filosófico sobre milagres, um milagre geralmente é definido como a ocorrência de um evento que está fora das leis da física, que não parece obedecer às leis normais da física ou que não pode ser explicado em termos das leis da física (ou leis da natureza), e, ainda, o evento em questão provavelmente tem uma causa sobrenatural. Essa foi a definição proposta por David Hume.[17] É uma definição ampla e inclui, se tais eventos realmente aconteceram, a travessia do Mar Vermelho, a ressurreição de Jesus, as experiências religiosas de São Francisco de Assis e a resposta de Deus às nossas orações. Também pode incluir a criação do universo, pois, se aceitamos que as leis da física foram iniciadas com o primeiro evento no universo (o *Big Bang*, por exemplo), então a própria criação estaria fora das leis da física. Às vezes, também entendemos o conceito de milagre em um sentido mais restrito, incluindo apenas os eventos que não podem ser explicados pelas leis da física *e* que tenham algum tipo de significado religioso para a vida dos seres humanos. Entendida nesse sentido mais restrito, a criação do universo pode não ser considerada um milagre, mas a ressurreição de Jesus sim, e, portanto, a crença de que as orações da pessoa foram atendidas.

Contudo, alguns filósofos, como R.F. Holland, contestaram a alegação de que os milagres devem envolver uma violação das leis da física. Holland dá o exemplo bem conhecido de uma criança vagando sobre trilhos de trem. O maquinista simplesmente desmaia antes que o trem se aproxime da criança e cai no freio, parando o trem antes de ele matar a criança. Holland afirma que o *momento* desse evento é o que deve ser realmente considerado como milagre, embora não tenha havido qualquer intervenção sobrenatural.[18] Talvez possamos acrescentar ao exemplo de Holland o fato de que, em casos como esse, Deus pode ter feito o desmaio do condutor ocorrer de forma natural, e, examinando assim, o seu desmaio parece ter uma explicação científica. Esses exemplos são intrigantes e permitiriam que considerássemos milagrosos muitos eventos que não parecem violar as leis da física.

Entretanto, se concordarmos em deixar de lado a definição de Holland por agora, as definições anteriores excluiriam vários eventos que muitas vezes achamos difícil não considerar como milagres. Por exemplo, se você estiver em um acidente de carro e não se machucar, poderá descrever isso como milagroso, principalmente se a maioria das pessoas em tipos semelhantes de acidente se ferem. Mas, enquanto não houver violação das leis da física, não será milagre no sentido religioso; seria apenas uma feliz coincidência. Muitos dos passageiros no acidente de avião da Air France em Toronto (agosto de 2005) sem dúvida interpretaram sua sobrevivência como milagre, mas ela não se enquadraria na definição apresentada, porque as leis da física não foram violadas. O avião foi atingido por um raio pouco depois de pousar, ultrapassou a pista, não atingiu qualquer obstáculo significativo e, assim, não se rompeu, e todos os passageiros puderam desembarcar antes de ele pegar fogo. Uma escapada por pouco, com certeza, mas nada nessa história causal do acidente sugere qualquer coisa que viole leis da física.

Então, a pergunta é: os milagres, entendidos como eventos ou acontecimentos fora das leis da física, ocorrem? Os teístas dizem que sim. É verdade que, de todos os supostos milagres na história, alguns são, sem dúvida, falsificações, delírios, erros ou fraudes, mas a questão fundamental, de acordo com o teísta, é que nem todos o são. É claro que as afirmações de milagres devem ser julgadas caso a caso, mas o teísta diz que há muitos eventos para os quais não há explicação natural. Isso pode significar que ainda não encontramos a explicação natural ou que o evento seja tão incomum a ponto de não ser razoável pensar que se vai encontrar uma explicação natural. É assim que se poderia reagir ao nos recuperarmos de uma doença grave depois de rezar ao Padre Pio, por exemplo. Há inúmeros casos, apenas na área da medicina, de eventos aparentemente milagrosos que sugerem a intervenção divina na natureza.

Os críticos do argumento dos milagres dizem que não é factível acreditar em milagres em um mundo dominado pelo progresso científico e tecnológico, um mundo onde as explicações causais estão se tornando dominantes em nossa abordagem às explicações dos eventos na natureza. Mesmo alguns teólogos, como Rudolf Bultmann, propuseram essa visão. Eles sustentam que as afirmações milagrosas são, na verdade, sempre erros, fraudes ou delírios, ou pior, que não há nenhuma maneira possível de descartar uma explicação naturalista; só se pode dizer, na melhor das hipóteses, que ainda não se encontrou a explicação naturalista. Também é possível que nunca a encontremos, mas ainda é o caso que, em princípio, existe uma explicação naturalista.

O que devemos entender desse tipo de debate? Está claro que há um aspecto pessoal e um lado geral mais abstrato no debate sobre os milagres. As evidências de milagres geralmente consistem em relatos de testemunhas oculares ou uma experiência direta de milagre. Hume argumentou que nunca foi razoável acreditar em milagres, porque sempre se pode questionar o relato da testemunha ocular, o qual geralmente era apresentado por pessoas muito impressionáveis. Ele não parece ter considerado a opção de que uma pessoa acreditasse ter experimentado um milagre ela mesma. A pessoa que acredita ter sido sujeito de um evento milagroso ou, talvez, ter testemunhado um evento como esse vai ter dificuldades de levar a sério os argumentos dos opositores. Já quem ainda não experimentou pessoalmente o que parece ser eventos milagrosos terá menos probabilidade de ser convencido. Hume teria razão ao dizer que sempre é racional duvidar dos relatos de testemunhas oculares, como os das que contam a ressurreição de Jesus ou as afirmações de curas milagrosas em Lourdes? Os que dão esses testemunhos seriam sempre pessoas impressionáveis e, portanto, não confiáveis? Essa não parece ser a resposta correta em todos os casos. Será que deve depender do julgamento de cada um se o relato da testemunha ocular (e outras evidências) é bom ou não? Muitos estudiosos, por exemplo, examinaram evidências da ressurreição de Jesus e concluíram que, no fim das contas, é racional acreditar nesse evento milagroso em função das evidências.[19] Mas os ateus, como Michael Martin, discordam. Martin acredita que as evidências para a ressurreição não são convincentes, mas que, mesmo que fossem, seria mais razoável pensar que algumas leis naturais (desconhecidas atualmente) provavelmente a provocaram.[20] Esse debate é difícil de resolver, mas parece errado descartar por definição, como Hume e outros tentam fazer, a possibilidade de esses eventos oferecerem provas de milagres. Cada pessoa tem de examinar afirmações *específicas* do miraculoso e decidir, estando informada, se é razoável ou não acreditar.

Talvez um estudo geral dos milagres fosse benéfico para as pessoas que pensam sobre a questão. Os teístas muitas vezes questionaram as críticas ateístas sobre esse tema, devido à tendência do ateu, ou de quem é cético quanto à possibilidade do miraculoso, a trabalhar com o *pressuposto* de que os milagres não podem ocorrer, com pouca ou nenhuma discussão de casos individuais. O teísta insiste em que, embora não se deva ser demasiado crédulo e se deva manter um ceticismo saudável, não se pode simplesmente descartar a existência de milagres em uma suposição *a priori* do naturalismo, porque isso seria esquivar a questão. Uma visão mais geral sobre o argumento dos milagres é de que o miraculoso é uma dimensão intrigante da experiência humana que requer explicação. E se não se está inclinado a afastar qualquer afirmação de milagre como falsa ou delirante, então, talvez, a esfera do (aparentemente) miraculoso tenha lugar como parte do argumento cumulativo para defender a existência de Deus. Além disso, se alguém tem razão independente para acreditar em Deus, por exemplo, com base em alguns dos outros argumentos que examinamos, esse fato pode aumentar a probabilidade de milagres ocorrerem na natureza. Alvin Plantinga sugeriu que não deveríamos pressupor que a regra é que Deus quase nunca interfere na natureza, se é que interfere, pois talvez Deus faça essa interferência regularmente.[21] A posição de cada um sobre esta última questão vai depender de sua avaliação geral das evidências a favor ou contra o teísmo.

4

Como é Deus?

A questão da natureza de Deus – como é Deus – tem sido fonte de um fascínio sem fim, não apenas para os filósofos, mas para os crentes de todas as denominações religiosas. Muitos crentes concordam em que Deus existe, mas discordam em suas concepções de como Deus é, embora muitas dessas concepções tenham também fortes semelhanças. Porém, perguntas como "Qual a relação entre Deus e o mundo? Deus é uma pessoa? Deus é onipotente? Deus precisa dos seres humanos?" têm ocupado filósofos por séculos, e a maioria das grandes religiões assumiu posições oficiais sobre essas e outras questões relacionadas à natureza de Deus. Embora a existência de Deus seja, obviamente, uma questão fundamental do ponto de vista da racionalidade da crença religiosa, a questão da natureza de Deus não é menos fundamental. Na verdade, talvez esta última seja mais diretamente importante e relevante para o crente religioso médio, que não costuma duvidar da existência de Deus em qualquer forma séria, mas que deve pensar um pouco sobre o tipo de Deus para o qual está rezando, do qual depende e no qual confia. É preciso se ter uma concepção de Deus – como crente religioso e mesmo como ateu –, ainda que não se consiga apresentar uma visão filosófica nem fazer uma defesa da própria concepção. A natureza de Deus é um tópico muito grande, não podemos fazer mais aqui do que arranhar a superfície, com o objetivo de aguçar o apetite do leitor para mais leitura e reflexão.[1] Neste capítulo, vamos discutir diferentes concepções de Deus que têm-se destacado na filosofia ocidental e na teologia, contrastando-as ocasionalmente com visões de Deus encontradas nas religiões orientais. No caminho, discutiremos alguns dos atributos que geralmente se considera que Deus apresente, como onipotência, perfeição e onisciência, o que eles significam e quais os problemas que podem enfrentar.

A VISÃO CLÁSSICA DE DEUS

Comecemos apresentando a visão clássica de Deus. Essa visão tem as suas origens em Platão e Aristóteles, foi desenvolvida por Santo Agostinho e São Tomás de Aquino e acabou se tornando dominante na filosofia e na teologia ocidentais. É a visão principal de Deus que será encontrada no cristianismo, no judaísmo e no islamismo. Embora essas tradições muitas vezes tenham nomes diferentes para Deus e possam não concordar em relação a todos os atributos dele, em grande parte, elas operam com a mesma concepção de Deus em suas teologias. Na verdade, só recentemente a visão clássica de Deus veio a ser contestada dentro da tradição ocidental.

No teísmo clássico (ou teísmo tradicional), Deus é concebido como o Criador do universo e de toda a vida. É a causa maior do universo, o qual Ele criou do nada (*ex nihilo*). Essa foi a conclusão a que chegaram os proponentes dos argumentos de defesa da existência de Deus que examinamos anteriormente. Deus também é considerado pelos teístas clássicos como o sustentáculo do mundo. Isso significa que o mundo não continuaria existindo nem por um segundo se Deus retirasse o seu poder de sustentação, porque as coisas contingentes não têm poder de se manter em existência. Deus não só as cria, mas mantém-nas em existência – todas as coisas criadas, animadas e inanimadas. Deus também é concebido no teísmo clássico como um ente eterno, como vimos principalmente na versão de São Tomás de Aquino do argumento cosmológico. Isso significa que Deus sempre existiu e sempre existirá. Um ente eterno não é um ente contingente que simplesmente existe para sempre, e sim é concebido como um ser que existe completamente fora da ordem da natureza contingente.

A visão clássica de Deus propõe que ele, em seu próprio ser, é imaterial, um ente pessoal, um ente que é perfeito, onipotente, onisciente e digno de adoração. São Tomás de Aquino argumentou que devemos falar de Deus analogicamente, e não de forma ambígua ou unívoca. Ou seja, podemos comparar Deus aos seres humanos em alguns aspectos, como dizer que ele existe ou que é um ente pessoal, mas devemos reconhecer que ele não existe e não é um ente pessoal da mesma forma que você ou eu existimos ou somos entes pessoais. Essa é a melhor maneira de falar de Deus, porque nos permite falar analogicamente de seus atributos, comparando-os aos nossos, embora reconhecendo que eles são de uma ordem fundamentalmente diferente dos atributos dos seres humanos.[2] Os teístas clássicos também têm abordado a questão da natureza de Deus por meio da teologia negativa (*via negativa*) – a tentativa de descrever Deus em termos do que ele não é, e não em termos do que ele é. Por exemplo, poderíamos dizer que Deus não é ignorante, sem dizer quanto conhecimento ele tem ou de que forma ele o tem; do mesmo modo, podemos dizer que Deus não foi criado, para mostrar que não é um ente contingente, sem especificar exatamente o que significa essa condição de ser eterno, porque esse conceito está além da compreensão humana. Dessa forma, ainda se pode falar significativamente de Deus e aprender alguma coisa em termos filosóficos sobre como ele é, ao mesmo tempo em que se entende que Deus existe de forma diferente e em uma ordem distinta da contingente. Aprofundemos alguns desses atributos de Deus como forma de melhorar a nossa compreensão da visão clássica. Posteriormente, compararemos essa concepção de Deus com visões mais recentes.

Os teístas clássicos argumentaram que Deus é um ente perfeito, o que significa que ele é imutável, não se altera. Entende-se que Deus é perfeito em todos os sentidos, inclusive moralmente. Os teístas clássicos defendem esse ponto de vista argumentando que o nosso mundo só pode conter o fenômeno da mudança se o Criador do mundo for perfeito. Isso porque, se mudasse com mudanças no mundo, Deus faria *parte* do mundo, e não seríamos capazes de explicar (no nível maior) a mudança que ocorre no mundo. Esse argumento se aplica não apenas às mudanças no ser essencial de Deus ou em seu conhecimento, mas também a mudanças na natureza moral de Deus. Outra maneira de expressar essa questão é dizer que os seres humanos contêm os seus atributos por causa de sua existência. Ser, como afirmou São Tomás de Aquino, é a base de todas as perfeições, e como nós, seres humanos, temos ser limitado, só teríamos nossas perfeições de forma limitada. Mas um ente ilimitado, infinito, eterno, um ente cuja essência seria a sua existência, teria essas perfeições da forma mais elevada possível. Também porque Deus é perfeito é que pensamos que ele é digno de adoração; se concebermos Deus como menos do que perfeito em qualquer aspecto, fica mais difícil entender por que devemos lhe dar a devoção total que está no centro da maioria das religiões do mundo.[3]

Às vezes, Deus é descrito pelos teístas clássicos como a própria existência, e, como vimos, eles sustentam que disso decorre que Deus deve ser absolutamente perfeito. Essa visão clássica é influenciada pela metafísica de Aristóteles, que deixou uma forte impressão em São Tomás. Aristóteles disse que só o que tem matéria pode mudar, que qualquer coisa feita de matéria é constituída por partes e que a existência das partes que se unem de uma certa maneira para formar um objeto requer algum princípio que deve estar fora dessas partes. Ele formulou essa visão para argumentar que os objetos do mundo existem (ou têm realidade) e podem mudar (podem desenvolver a sua potencialidade). Assim, explicou existência e mudança no universo por meio dos conceitos de realidade (existência) e potencialidade (mudança). Depois, Aristóteles (e São Tomás o seguiu nisso) aplicou esse raciocínio à natureza de Deus para argumentar que Deus deve ser "ato puro", o que significa pura realidade. Isso que dizer que Deus não tem matéria e, portanto, não tem potência, de modo que é perfeito. É totalmente real, em suma. Esse pensamento também confirma que Deus é necessariamente um ente imaterial, porque, se fosse material, seria um ente contingente e precisaria de uma causa, o que comprometeria a sua perfeição. Os teístas clássicos aprofundaram ainda mais essa análise aristotélica para afirmar que Deus é simples, o que significa que Deus não tem partes. Eles acreditavam que era assim porque, se tivesse partes, Deus seria feito de matéria, e seria necessário algum princípio – um princípio fora de Deus – para explicar como as partes de Deus se reúnem em um único ente, assim como nós precisamos de um princípio para explicar como as partes de um objeto físico se juntam para formá-lo. Os vários atributos de Deus nessa visão são apenas maneiras diferentes de expressar a sua natureza, que é simples e perfeita.[4] Esse é um argumento intrigante para defender a simplicidade de Deus, mas já foi contestado hoje em dia.

  Esse panorama da abordagem clássica à natureza de Deus deixa claro que, segundo essa visão, Deus é perfeito em todos os sentidos, inclusive no sentido moral, o que significa que ele tem o atributo da onibenevolência. Isso quer dizer que Deus é necessariamente um ente bom em um sentido *metafísico* – um ente no estado moral mais elevado possível, na verdade, um estado perfeito – porque escolhe sempre o que é certo, mesmo quando poderia fazer de outra forma (porque também é um ente livre). No entanto, se aceitarmos essa visão de Deus, o resultado são algumas conclusões aparentemente incomuns. Uma delas é que Deus não precisa dos seres humanos. Se isso for verdade, conclui-se que Deus não criou os seres humanos porque precisasse, digamos, de nosso amor e companheirismo nem porque quisesse cuidar de nós, já que todas essas coisas implicam que Deus careça de alguma coisa e tenha tido que nos criar para suprir essa carência. Mas, se Deus carece de alguma coisa, então não é perfeito. Outra conclusão é que Deus não é capaz de emoção – mais uma vez, porque, exibir emoção, por exemplo, alegria ou tristeza, diante das ações dos seres humanos, é sugerir uma carência de Deus. Se Deus fosse responder com alegria ao retorno do filho pródigo (como fez o pai deste), concluir-se-ia que Deus ficou realizado de alguma forma, o que, por sua vez, implicaria que ele não é perfeito. Decorre também dessa visão que Deus não pode sentir dor nem sofrimento e que ele próprio não sofre. Isso não se dá apenas porque ele é um ente imaterial, mas também porque sentir tristeza, como nós, significa que há situações que estão fora do controle dele e que lhe causam sofrimento – por exemplo, um ser humano específico não responde da maneira correta a um desafio, e, assim, Deus fica triste –, então isso sugere que ele seja imperfeito em algum sentido. Portanto, um ente que sofre diante de um evento é movido pelo evento, e isso não é compatível com a perfeição de Deus, porque se concluiria que Deus pode ser muito afetado por aquilo que fazemos na Terra, poderia ficar preocupado, triste ou feliz – tudo isso implicando que ele esteja atualmente insatisfeito e sujeito aos caprichos das ações e eventos humanos, assim como nós estamos.

Para os teístas clássicos, Deus está tão além da compreensão humana que é difícil entendermos como ele é. Quanto mais achamos que temos uma compreensão de como é Deus, ou quanto mais pensamos que Deus é uma versão muito glorificada dos seres humanos, mais errados é provável que estejamos. É por isso que os teístas clássicos empregam teologia negativa para descrever Deus. Ao dizer o que Deus não é – não como nós em vários aspectos –, podemos tentar apresentar algumas ideias sobre como ele é. Assim, um teísta clássico diria que Deus pensa, deseja, causa, espera, ama e assim por diante, mas tem o cuidado de salientar que esses conceitos não devem ser entendidos, com relação a Deus, da mesma forma que os entendemos para os seres humanos. O argumento aqui é simples. Deus não pode amar da mesma maneira que nós podemos amar, por exemplo, porque o nosso tipo de amor envolve mudança e emoção, mas Deus não está sujeito a alterações nem a emoções. Além disso, o amor dos seres humanos parece ter como condição necessária o fato de que eles tenham corpo, mas, mais uma vez, Deus não tem corpo, do que se conclui que o amor de Deus é diferente do amor humano. O mesmo se aplica à possibilidade de Deus vir a conhecer alguma coisa. Para nós, conhecer algo é usar nossos sentidos e nosso raciocínio, mas Deus não tem sentidos e, por isso, não chegaria ao conhecimento dessa forma. Além disso, como Deus é onisciente, não fica claro que ele jamais chegaria a conhecer alguma coisa sobre o mundo; isto é, ele não pode adquirir conhecimentos novos. Pode não ser possível para ele descobrir qualquer coisa que ainda não saiba – uma questão que retornará mais tarde, em nossa discussão sobre a onisciência.

De acordo com os teístas clássicos, Deus é um Deus pessoal, mas, novamente, temos que ter cuidado para observar que ele não é uma pessoa no sentido em que você e eu somos pessoas. Isso ocorre porque as pessoas humanas pertencem a um certo tipo de espécie, têm corpo e vários atributos necessários, nenhum dos quais Deus tem, em sentido idêntico. Deus não tem corpo, e é único em seu tipo. Assim, os teístas clássicos adotam a visão de que, como Deus é perfeito, imaterial, onisciente e todo-poderoso, todas essas outras conclusões sobre a natureza de Deus são lógicas, e, abrindo-se mão delas ou as rejeitando, é preciso explicar como vai se lidar com os problemas que resultariam. Por exemplo, se alguém dissesse que o amor de Deus é essencialmente semelhante ao amor humano, teria que explicar como isso poderia acontecer, dado que Deus é imaterial e perfeito.

QUESTIONAMENTOS À VISÃO CLÁSSICA

Vários filósofos contemporâneos estão descontentes com alguns aspectos da visão clássica de Deus e questionaram-na em vários aspectos.[5] Um problema que tem preocupado muitos na teologia e na filosofia é a visão de que Deus não muda, não sofre nem vivencia emoções e não precisa dos seres humanos. Filósofos e teólogos contemporâneos se sentem desconfortáveis com essa concepção de Deus, por duas razões. A primeira é que argumentam que seria difícil entender e dar sentido à relação de Deus com os seres humanos se não se acreditasse que a natureza de Deus está sujeita a pelo menos algumas formas de mudança. Por exemplo, a atividade da oração parece requerer não apenas que Deus ouça nossas orações, mas que, pelo menos às vezes, seja movido por elas e decida responder a elas. Mas, se Deus responde a nossas orações, isso com certeza significa que alguma mudança ocorre nele? O mesmo se aplica à nossa busca do perdão de Deus. Certamente, se Deus responde ao nosso pedido de perdão, isso deve significar que ele está decepcionado conosco, ouve os nossos apelos e decide nos perdoar, e tudo isso parece exigir que a natureza de Deus passe por mudanças. Da mesma forma, alguns críticos da visão clássica argumentam que é difícil conciliar o fato de um dos atributos de Deus ser o amor com a ideia de que Deus não muda, porque com certeza a essência do amor, pelo menos como nós a entendemos, requer que os indivíduos que se amam mudem de várias maneiras, tornando-se mais felizes, mais realizados, mais preocupados e assim por diante. Não seria o mesmo no caso de Deus, ainda que concordássemos que estamos falando analogicamente da natureza de Deus, mesmo se reconhecemos que o amor de Deus não é totalmente a mesma coisa que o amor humano? E, em termos mais gerais, não seria o caso de que, à medida que os seres humanos se aproximam de Deus, Deus ficaria mais realizado porque a sua criação está respondendo a ele, da mesma forma que os pais se realizam quando os filhos finalmente começam a apreciá-los? Será que Deus não se entristecerá se a sua criação tiver se afastado dele? Na verdade, a analogia pai-filho é a que os pensadores modernos costumam adotar para descrever a relação de Deus com as suas criaturas.

A segunda razão pela qual alguns pensadores modernos acreditam que Deus deve sofrer mudanças em seu relacionamento com os seres humanos é que isso parece ser o que é exigido *moralmente* para que a nossa relação com Deus tenha sentido. Essa questão é enfatizada por pensadores no movimento conhecido como teísmo processual, em particular. O teísmo processual é influenciado pela filosofia do processo, um movimento baseado no pensamento de Alfred North Whitehead. Os principais conceitos do pensamento de Whitehead foram aplicados a temas religiosos por Charles Hartshorne, que propôs a ideia de que a realidade não é estática, e sim está em processo, e que, portanto, pode-se melhor entender Deus concebendo-se uma relação dinâmica, até mesmo orgânica, entre ele e a sua criação.[6] Há reciprocidade entre Deus e o mundo, e Deus, bem como a sua criação, desenvolve-se nessa relação. Os teístas processuais argumentam que Deus, como é concebido na visão clássica, parece muito distante, que é muito complicado se relacionar com ele, e esse afastamento tornaria difícil sustentar a vida e a prática religiosas. Não é fácil entender como poderíamos orar a Deus ou não ser intimidados por ele se adotássemos a concepção clássica. A alegação é que, para ser capaz de nos responder de maneira *moralmente adequada*, é necessário que Deus seja o tipo de ente que passa por mudanças. Hartshorne considera, por exemplo, que nós não admiraríamos um Deus que não fosse afetado pelo sofrimento humano. Esses tipos de críticas à visão clássica de Deus costumam ser motivados por nossas intuições sobre o tipo de Deus em que gostaríamos de acreditar, por nossas necessidades em relação a como Deus deveria ser. Mas os teístas clássicos argumentam que as nossas intuições sobre como Deus deve ser podem não constituir um bom guia para a natureza de Deus; eles sustentam que um Deus que não precisa de seres humanos, mas ainda assim nos cria e nos salva, é mais perfeito do que um Deus que precisa de humanos e que nos cria, em parte, para suprir a sua própria necessidade. Os teístas clássicos rejeitam a visão do pensador francês Emmanuel Levinas, que sugeriu que Deus criou os seres humanos porque era sozinho e precisava de alguém para conversar! Também é importante ressaltar que, nessa disputa entre teístas clássicos e teístas processuais, ambos os lados muitas vezes buscam apoio na Bíblia; na verdade, pode-se encontrar nela apoio para ambos os pontos de vista. Alguns teístas, como Bernardo de Claraval (1090-1153) e, em nosso próprio tempo, Richard Swinburne, tentaram responder à afirmação de que Deus é muito distante, lembrando-nos que ele encarnou na pessoa de Jesus Cristo para poder compartilhar o sofrimento humano.

Alguns dos atributos tradicionais de Deus, como onipotência e onisciência, têm sido alvo, eles mesmos, de muita discussão recente, e é dessa discussão que tratamos agora.

A ONIPOTÊNCIA DE DEUS

Deus tem sido tradicionalmente considerado como um ente onipotente. Existem várias razões para se atribuir onipotência a Deus. A primeira é que isso é o que é exigido pela perfeição, um atributo que já examinamos. Os teístas clássicos argumentam que um ente perfeito também seria onipotente, porque teria que poder fazer qualquer coisa que fosse logicamente possível, caso contrário, não seria perfeito. Segundo a visão deles, é difícil conceber Deus como um ente limitado em termos de poder, pois isso parece reduzir Deus à condição de um ente que estaria no mesmo nível do universo, em vez de ser o criador deste. Alguns filósofos contemporâneos, principalmente Richard Swinburne, sugeriram que um ente que criou o universo teria que ser realmente poderoso e que a explicação mais simples do seu poder é dizer que ele é um ser onipotente. Se concebermos Deus como ser limitado, Swinburne diz, encontraremos todos os tipos de problemas relativos ao ente que criou o universo, como, por exemplo, se ele seria limitado no tipo de universo que poderia ter criado ou se estaria sujeito a influências externas, de modo que a explicação mais simples é que Deus é onipotente.[7] Em terceiro lugar, essa concepção de Deus também é coerente com o que a Bíblia diz sobre ele.[8]

No entanto, o conceito de onipotência é muito difícil de entender, e precisamos examinar mais algumas das questões levantadas por ele.

Comecemos com a visão de Tomás de Aquino.⁹ Ele argumentou que dizer que Deus é onipotente não significa o que muitos normalmente consideram, que Deus pode fazer qualquer coisa, e sim apenas que Deus pode fazer o que é logicamente possível fazer. A noção de possibilidade lógica é importante em filosofia, referindo-se a tudo o que pode ser feito *sem contradição*, o que não significa necessariamente que será feito, apenas que poderia ser feito. Então, com esse entendimento de possibilidade lógica, seria logicamente possível eu aprender chinês, mas o mesmo não se aplica à quadratura do círculo, porque a última tarefa implica uma contradição, e não é logicamente possível. Aplicando essa noção a Deus, São Tomás de Aquino afirma que existem dois conjuntos de ações que nem um ente onipotente como Deus pode fazer. O primeiro conjunto abrange coisas que são diretamente contraditórias em termos lógicos, como a quadratura do círculo, ou, como veremos mais adiante na discussão do problema do mal, criar entes livres, mas sobre os quais Deus possa garantir que *sempre* escolherão o bem sobre o mal. Assim, um ente onipotente não pode fazer o que é logicamente contraditório. Nas palavras de São Tomás: "Deus é incapaz de fazer os opostos existirem no mesmo sujeito, ao mesmo tempo e no mesmo aspecto".¹⁰ No entanto, há mais coisas que Deus não pode fazer.

São Tomás apresenta um interessante segundo conjunto de ações que ele acredita que Deus não possa realizar, todas relacionadas a ações incompatíveis com a natureza de Deus. Assim, São Tomás argumenta que Deus não pode pecar, não pode ter raiva, não pode criar um ente igual a si mesmo, que Deus não pode se arrepender nem desejar coisa alguma de mal. Deus não seria Deus, por exemplo, se desejasse cometer um pecado ou se cometesse um pecado: ele não mais teria a sua natureza moral perfeita. Nem ele seria Deus se ficasse realmente zangado com a humanidade, na visão de São Tomás, o que também comprometeria a sua perfeição. Surge a pergunta: Deus não poderia executar essas ações em função de necessidade ou simplesmente por escolher livremente não realizá-las? Em outras palavras, Deus não peca porque não consegue pecar, porque é moralmente incapaz de pecar ou porque consegue pecar, mas simplesmente não peca? Santo Agostinho parecia argumentar que Deus, por natureza, não pode pecar (o que parece significar que ele *necessariamente* não pode pecar), enquanto pensadores posteriores, como Samuel Clarke (1675-1729), disseram: "Deus sempre discerne e aprova o que é justo e bom, necessariamente, e não pode fazer diferente. Mas ele sempre age ou faz livremente o que é justo e bom, isto é, tendo, ao mesmo tempo, pleno poder natural ou físico de agir de forma diferente".[11] Isso significa que Deus necessariamente vê o que é certo (e sempre o faz), mas é livre para fazer o que está errado. A interpretação de Clarke é atrativa aos teístas, porque tendemos a pensar que a bondade moral de Deus requer que ele seja livre, pois um ente onibenevolente que não pode deixar de ser bom é, pelo menos segundo o que intuímos, tão perfeito quanto um ser onibenevolente que pode optar por não ser bom. Em resumo, um ser que sempre faz o que é certo porque não consegue fazer diferente não é tão bom como um ser que poderia fazer mal se quisesse, mas nunca o faz! Então, dizer que Deus é onipotente com base nesse entendimento não deve ser considerado equivalente a dizer que Deus não pode fazer o mal ou não pode pecar. Deus consegue fazer essas coisas, mas não as faz. Isso porque Deus é bom em sentido absoluto ou metafísico, ou seja, ele é Deus – um ser em perfeito estado moral porque escolhe sempre o que é certo, ainda que possa fazer o contrário.

Isso nos leva ao que é às vezes chamado de paradoxo da pedra,[12] gerado pela seguinte pergunta: Deus poderia criar uma pedra que fosse pesada demais para ele levantar? Se é onipotente, Deus deve ser capaz de criar uma pedra de qualquer peso e, assim, deve ser capaz de criar uma pesada demais para ser levantada por ele. Então, levantar essa pedra seria algo que ele não poderia fazer. Se Deus não pode fazer a pedra, ele não é onipotente, pois um ser onipotente deve ser capaz de fazer uma pedra de qualquer peso. Alguns filósofos levantam esse problema não apenas para explorar a questão de o que é logicamente possível a Deus, mas para sugerir que o conceito de onipotência é contraditório em si. Os filósofos teístas normalmente respondem a esse ponto argumentando que essa é uma ação contraditória que estamos esperando que Deus faça; como ela é contraditória, não é realmente um desafio à afirmação de que Deus é onipotente. É contraditória porque Deus pode levantar uma pedra de qualquer tamanho que seja, mas nós estamos pedindo que ele crie uma pedra que não possa levantar. Uma vez que essa é uma contradição, o paradoxo se dissolve. Essa solução pressupõe que Deus seja onipotente, mas, se entendermos o paradoxo como sendo perguntar se Deus é onipotente ou não, e não como sendo gerar um paradoxo a um Deus onipotente, ou seja, se considerarmos o paradoxo como sendo dizer que a onipotência em si não faz sentido, talvez essa resposta não seja muito adequada. Outra maneira de ver o problema é concordar em que Deus pode fazer essa pedra, mas negar que isso coloque em questão a noção de onipotência, porque se pode dizer que Deus não consegue levantar a pedra *por causa* de sua onipotência. Em suma, é justamente porque Deus é onipotente que podemos ter esse tipo de pedra (e, assim, gerar o nosso paradoxo), por isso não podemos concluir a partir do paradoxo gerado dessa forma que Deus não seja onipotente porque não consegue levantar a pedra. *Podemos concluir, porém, que um ente onipotente não é aquele que pode fazer absolutamente qualquer coisa.* Mas já vimos isso anteriormente – e um ente onipotente, de acordo com os teístas, está limitado no que pode fazer àquilo que for logicamente possível e pelo que é consistente com a sua própria natureza.

A ONISCIÊNCIA DE DEUS

Os teístas também costumam afirmar que Deus é onisciente, outro atributo que podemos saber analogicamente acerca dele, e que também é exigido por Sua perfeição. Mas o que significa dizer que Deus é onisciente? Depois de nossa discussão sobre onipotência, provavelmente deveríamos ser cautelosos ao concluir que isso significa que Deus sabe absolutamente tudo. Será que um Deus onisciente sabe tudo o que há para saber sobre o universo e sobre os seres humanos? Será que ele conhece todos os nossos pensamentos, planos e até mesmo os nossos futuros? Uma maneira de colocar um limite ao que um ente onisciente pode saber seria dizer que, com a onipotência, um Deus onisciente sabe tudo o que lhe seria logicamente possível saber. Mas o que esse tipo de proposição inclui? Inclui ações futuras que o próprio Deus poderia fazer? Talvez não. Deus pode não saber o que vai fazer no futuro até decidir o que fazer, então não seria falha de um ente onisciente ele não saber o que vai fazer no futuro muito antes de fazê-lo. A própria liberdade de Deus parece exigir que ele não saiba o que vai fazer no futuro. Mas e as futuras ações *humanas*? Isso nos leva ao que é conhecido como o problema da presciência de Deus e da liberdade humana.

Esse problema se baseia na seguinte pergunta: um ente onisciente poderia conhecer todas as futuras ações humanas? Se a resposta for afirmativa, como os seres humanos podem ser realmente livres? Se não for, significa que ele pode perder o controle do universo, no sentido de não saber qual o desfecho de seus planos para a salvação humana. Enunciemos o problema de forma mais clara. Parece que, sendo onisciente, Deus conhece todas as futuras ações humanas. Ele sabe, por exemplo, que dentro de três anos você vai conseguir um novo emprego, casar-se ou ter um filho. Contudo, se Deus realmente sabe disso, então isso tem que acontecer, você deve necessariamente conseguir o emprego novo, casar-se ou ter um filho. Mas, se for esse o caso, parece que a conclusão seria que, por exemplo, no momento futuro em que recebe a oferta do novo emprego, você não tem liberdade verdadeira para rejeitar o trabalho. Se rejeitar, isso significa que Deus está errado em pensar que você iria aceitar o emprego, e assim ele não seria onisciente. Contudo, se você deve necessariamente ter o emprego, então parece que não tem uma opção verdadeiramente *livre* de aceitá-lo ou não. Esse problema exige que pensemos em Deus *no tempo*, de modo que, no momento presente, ele saiba alguma coisa que vai acontecer em um momento futuro, mas naquele momento futuro (quando você estará pensando se deve ou não assumir o emprego) você deverá ser capaz de escolher livremente se aceita. Portanto, se Deus sabe, no momento anterior, que você vai aceitar o emprego, mas no momento posterior você livremente o rejeitar, a sua ação livre significa que Deus tem uma falsa crença sobre o futuro. Assim, parece que a onisciência de Deus não é compatível com a liberdade humana.

Uma solução para esse problema é aceitar que Deus não conhece o futuro. Isso resolveria o problema, porque nós simplesmente reconheceríamos que não é logicamente possível a um ente onisciente conhecer as ações futuras de seres humanos livres. Assim como a verdadeira liberdade dos seres humanos impede o *nosso* conhecimento daquilo que os seres humanos vão fazer no futuro, isso também se aplica a Deus. A única maneira para Deus saber ao certo o que faríamos seria nos programando, e isso significaria que não seríamos livres. No entanto, devemos observar que, se Deus não conhece o futuro, essa é uma limitação que ele impôs a si mesmo, já que Deus criou seres humanos livres ciente de que não seria capaz de saber quais ações futuras eles poderiam realizar, porque lhes deu a vontade livre.

A solução é polêmica, pois alguns teístas acham que não é óbvio que essa limitação lógica deva ser atribuída a Deus. Eles argumentam que, embora seja verdade que *nós* não podemos conhecer futuras ações humanas porque os seres humanos são verdadeiramente livres, essa limitação pode não se aplicar a Deus. Talvez seja logicamente possível a Deus saber ao certo o que X vai fazer no futuro, e, mesmo assim, a decisão de X no futuro ainda ser verdadeiramente livre. Isso pode não fazer sentido para a nossa maneira limitada de ver as coisas, por causa da nossa dificuldade de compreender o que a liberdade implica, mas, como Deus criou o universo e a vida humana e todas as condições para as escolhas humanas, pode ser que consiga ler com certeza o que vamos fazer, mesmo que estejamos fazendo isso livremente. É verdade que o conceito de liberdade parece impedir isso, mas o conhecimento de Deus sobre o universo pode ser tão vasto que ele consiga prever com *absoluta certeza* o que vamos fazer, mesmo que estejamos agindo livremente. Não está claro que isso envolva uma contradição.

A afirmação de que Deus não conhece o futuro é polêmica por mais uma razão: parece situar a salvação final da humanidade fora do controle de Deus. Ou seja, a criação de Deus poderia livremente rejeitá-lo, e, embora Ele tenha um plano elaborado para a salvação do homem, esse plano poderia ser frustrado permanentemente por nossas escolhas livres. Em que pese, como veremos mais tarde, alguns filósofos (como John Hick, por exemplo) argumentarem que Deus tomará medidas para evitar que isso ocorra, a preocupação é que, se somos verdadeiramente livres, Deus pode não conseguir fazer muita coisa a respeito. Uma maneira pela qual os filósofos têm tentado lidar com esses problemas é sugerir que Deus está completamente *fora* do tempo. Vimos que o problema da presciência divina e da liberdade humana é gerado pelo fato de que Deus estaria no tempo, assim como você e eu, mas e se Deus não estiver?

Essa opinião foi sustentada por diversos teístas clássicos, incluindo Boécio, Santo Agostinho e São Tomás de Aquino.[13] Eles argumentaram que Deus simplesmente não está no tempo. Isso é o que significa, em parte, dizer que Deus é eterno. Se essa visão estiver correta, Deus não vivenciaria o universo momento a momento, como os seres humanos, na forma de uma série de eventos consecutivos em que há um "antes" e um "depois", bem como um "presente". Ele vivenciaria tudo o que acontece no universo de uma só vez, como uma espécie de presente que tudo abrange, onde passado e futuro estão, de alguma forma, acontecendo ao mesmo tempo, segundo percebe a consciência de Deus. Passado, presente e futuro são continuamente presentes à consciência de Deus. Essa visão também é coerente com o argumento clássico de que Deus não muda, porque, se Deus está no tempo, parece que, ao vivenciar o universo momento a momento, ele teria que passar por mudanças; conheceria, por exemplo, coisas que não conhecia antes. Essa visão de Deus também pode encontrar sustentação na física moderna, que sugere que o tempo está ligado às mudanças. Embora possa ser visivelmente difícil obter uma definição de tempo, alguns cosmólogos modernos sugeriram que o tempo passou a existir após o *Big Bang*, e, à medida que ele passa, ocorrem as mudanças. Essa visão pode ser consequência da física moderna, mas não implica necessariamente que o tempo e a mudança estejam essencialmente relacionados, embora seja uma boa hipótese de trabalho. Mas, se ela for verdadeira, qual era a situação antes de Deus criar o universo? Talvez naquele momento não houvesse tempo, entendido como uma sucessão de eventos. Deus passou por mudanças antes de criar o universo?

Dessa forma, os teístas clássicos poderiam apelar à física moderna para sustentar a sua visão de que o conceito de tempo só faz sentido dentro do universo. Deus está fora do tempo, e por isso não existe problema de presciência divina e liberdade humana (na verdade, se está fora do tempo dessa forma, Deus realmente não tem *pres*ciência). Essa solução faz sentido? É inteligível dizer que Deus vê tudo no universo acontecendo de uma vez? Lembre-se de que isso não significa apenas que Deus vê as coisas acontecendo no universo de algum ponto de vista único, do "olho de Deus", fora dele. Se isso fosse tudo, Deus ainda vivenciaria o universo através do tempo, o que significa que ele veria o que você fez ontem, o que você está fazendo agora e o que você vai fazer amanhã, de alguma forma, acontecendo tudo de uma vez, e isso valeria para cada evento e para as ações de cada ser humano no universo ao longo da história. Dessa forma, Deus teria total conhecimento do passado, do presente e do futuro. Está claro que, para nós, isso não apenas não faz sentido, mas parece claramente impossível do ponto de vista lógico. Mas a nossa pergunta é: pode ser logicamente possível para Deus?. Os teístas clássicos afirmam que sim, porque há uma diferença tão grande entre a existência, o poder e o conhecimento que Deus tem de nós, juntamente com o fato de que Deus criou o universo e a nossa ordem temporal, que não devemos descartá-la. Esses teístas sustentam que essa é a melhor maneira de pensar sobre o relacionamento de Deus com o universo. É como o conceito de eternidade, nesse aspecto. A maioria dos teístas aceita que esse é um conceito difícil para a mente humana entender (como vimos em nossa discussão sobre a versão de São Tomás acerca do argumento cosmológico), mas não negaria que é uma forma inteligível para pensar sobre a existência de Deus. Mas alguns teístas modernos contra-argumentam que seria difícil entender a noção de perdão, por exemplo, a partir desse ponto de vista de tempo, pois, como mencionado anteriormente, a experiência do perdão parece exigir um passado, um presente e um futuro.

UMA OBSERVAÇÃO SOBRE A VISÃO ORIENTAL DE DEUS

Já apontamos que nas grandes religiões ocidentais – judaísmo, cristianismo e islamismo – Deus é concebido como um ente eterno que existe independentemente do mundo, um agente livre e inteligente, onipotente, onisciente e onibenevolente. Essa visão de Deus está em contraste com a que muitas vezes se encontra nas grandes religiões do Oriente – hinduísmo, budismo, confucionismo, taoísmo, xintoísmo e outras. Há muita diversidade em relação à natureza de Deus dentro dessas religiões, e às vezes pode ser difícil falar da "visão do hinduísmo" sobre Deus, por exemplo, uma vez que mais de uma visão encontra sustentação naquela tradição. Embora seja verdade que alguns pensadores hindus apresentam Deus como um ente pessoal e independente, separado do mundo (essa é a visão de Deus no *Bhagavad Gita*, por exemplo), a visão dominante entre os pensadores hindus, principalmente Shankara (788-820), é a de que Deus existe como consciência independente (essa é a visão encontrada nos upanixades, por exemplo). A visão hindu de salvação, como foi desenvolvida na escola Advaita Vedanta do hinduísmo, envolve escapar do ciclo de "samsara", ou seja, a crença na reencarnação, em que o indivíduo morre e renasce em outro corpo humano. Esse ciclo de nascimento, morte e renascimento continua até que a alma ou a consciência purificada escape ao Nirvana. No entanto, Shankara concebe o Nirvana como uma unidade total estabelecida com a Divindade, mas isso não deve ser entendido como o seria no cristianismo, no qual o indivíduo e Deus mantêm as suas identidades separadas e estabelecem uma relação. Essa unidade abrange toda a realidade, não havendo existência separada das almas. O nosso objetivo, de acordo com Shankara, é escapar do mundo físico, que é um mundo de aparências e ilusões, para alcançar essa unidade.

No hinduísmo e em vertentes do budismo, depois de escapar do ciclo, entramos em uma espécie de unidade, onde o indivíduo não está realmente consciente nem é pessoal. O eu individual é absorvido pelo Uno. Essa é uma versão monista do hinduísmo, que afirma que existe apenas uma realidade, em vez de duas. Essa visão específica de Deus está em nítido contraste com a visão ocidental discutida neste capítulo, mas existe outra linha do hinduísmo que é mais comparável à visão ocidental, representada por pensadores como Ramanuja (1017-1137), que procuram manter a distinção entre Deus e a criação e consideram Deus como um ente todo-poderoso que criou o cosmos. Nessa visão, Deus é considerado pai: amoroso, misericordioso, onisciente e todo-poderoso. A visão de Ramanuja retrata Deus como criador e sustenta que o universo e os seres humanos são distintos de Deus.[14]

Se nos concentrarmos nas semelhanças das concepções de Deus encontradas nas tradições orientais e ocidentais, podemos ter um debate sobre a existência de Deus, a relação de Deus com o mundo e a natureza da salvação, principalmente as suas implicações para a moralidade. No entanto, se comparamos o teísmo com o monismo, o debate é mais difícil. Os filósofos ocidentais em geral têm sido críticos do monismo, alegando que ele carece de coerência, precisamente porque a identidade do indivíduo e do todo se perde na noção de absorção. É difícil ver como a salvação e a vida moral que leva a ela podem ser sustentadas se não se mantiver uma identidade separada de todo o processo. Do ponto de vista da natureza de Deus, os pensadores ocidentais afirmam que ele deve existir em algum sentido independente, se for o criador do universo e de toda a vida, seja como for que cada religião entenda a atividade criadora de Deus. Nesse caso, Deus e cada ser humano devem conservar as suas identidades separadas em todo o processo de salvação. Também houve discordância entre o Oriente e o Ocidente sobre a natureza da imortalidade, com as visões sustentando há muito tempo a noção de reencarnação. Voltarei à questão da pluralidade de religiões do mundo no último capítulo, quando terei mais a dizer sobre as religiões orientais.

5
Deus e o mal

Um dos problemas mais preocupantes para muitos de nós, não importa com qual visão de mundo concordemos, é a existência do mal no mundo. Sempre que refletimos sobre a condição humana como um todo – o destino geral dos seres humanos no universo –, embora haja, obviamente, muitas experiências positivas que apontam para esperança e sentido, todos nós experimentamos o mal em nossas vidas cotidianas. Na verdade, parece que uma parte significativa da nossa condição é que tenhamos que enfrentar o mal em suas diversas formas ao longo de nossas vidas. Todos já fomos tocados pela realidade do mal, de uma forma ou de outra, e assim surge espontaneamente a pergunta: por que o mal existe? Essa é uma pergunta preocupante para todos, mas parece preocupar especialmente os crentes religiosos, pois eles afirmam que Deus criou o universo e toda a vida com algum propósito, em última análise, bom, e por isso indagamos naturalmente por que Deus não criou um mundo livre do mal. Além disso, o crente religioso, em geral, também afirma que Deus é onipotente, onibenevolente e onisciente (como vimos no último capítulo), de modo que parece razoável pensar que, se Deus tem esses atributos, ele teria criado um mundo no qual houvesse pouco ou nenhum mal. Não deveríamos esperar isso, considerando-se que Deus tem o poder de impedir o mal e também a natureza moralmente boa de querer impedir o mal? O ateu alega que a existência do mal pode formar a base de um forte argumento contra a existência de Deus. Na verdade, a maioria dos filósofos religiosos considera o "problema do mal" um argumento muito mais desafiador do que as críticas típicas dos argumentos cosmológico e do desígnio ou as de alguns dos outros argumentos que examinamos no Capítulo 3. Pastores e padres, por exemplo, costumam apontar que esse é um dos aspectos mais difíceis de seu trabalho: tentar dar conforto às pessoas que perderam entes queridos ou sofreram outras tragédias, tentando explicar como um Deus supostamente bom poderia permitir que tais coisas acontecessem. É verdade que o sofrimento pode, às vezes, tornar as pessoas crentes ou atraí-las mais a Deus, mas também é verdade que o sofrimento pode levar as pessoas ao ateísmo.

O MAL E O PROBLEMA DO MAL

Pode ser muito difícil apresentar uma definição precisa do mal; por isso, é melhor começar nossa análise do problema do mal indicando os tipos de coisas que o conceito de mal geralmente é usado para descrever. Filósofos descrevem acontecimentos ruins e más experiências como o mal, os quais são geralmente, embora nem sempre, associados de alguma forma ao sofrimento humano. É possível ir mais longe e distinguir duas categorias de eventos malignos: os naturais e os morais. O mal natural se refere a eventos ruins que parecem ocorrer naturalmente no mundo, como terremotos, inundações, fome e doenças. Esses eventos ocorrem naturalmente, mas é claro que podem causar um sofrimento terrível aos seres humanos – por exemplo, o pavoroso *tsunami* na Ásia em 2004. O mal moral se refere às más ações dos seres humanos, como homicídio, estupro, tortura, roubo e assim por diante. A distinção entre mal moral e natural é importante, porque parece que os eventos naturais estão em um plano diferente do das ações humanas, e, mesmo assim, uma solução para o problema do mal precisaria explicar os dois tipos.

O problema do mal, como geralmente é descrito na filosofia da religião, é o problema de como conciliar o mal natural e o mal moral com a existência de um Deus que se supõe ser onipotente, onibenevolente e onisciente. Como Hume enunciou o problema: será que "[Deus] quer impedir o mal, mas não consegue? Então é impotente. Consegue, mas não quer? Então é mau. Consegue e está disposto? De onde, então, vem o mal?".[1] Se Deus é onipotente, por que não impede o mal, e se é onibenevolente, por que não quereria impedi-lo? (E a resposta a esse problema não pode recorrer a qualquer ignorância da parte de Deus sobre o que está acontecendo no mundo, porque ele geralmente também é concebido como onisciente.) Parece carecer de coerência lógica dizer que Deus é onipotente e onibenevolente e ainda assim afirmar que existe mal no mundo. Duas respostas que anulariam a incoerência lógica geralmente são descartadas de pronto pelo crente religioso. A primeira é dizer que

Deus não é onipotente – e que, portanto, não tem poder suficiente para evitar o mal que ocorre. Embora quisesse impedir o mal, Deus não consegue. A segunda resposta é dizer que, embora tenha poder suficiente para impedir o mal, Deus não o impede porque não é onibenevolente, isto é, de alguma forma, Deus deseja o mal! Às vezes, essa última questão é expressa apontando não que Deus deseja o mal, mas que os caminhos de Deus não são os nossos, que Deus pode estar funcionando com alguma forma superior de moralidade que a mente humana não consegue compreender. Entretanto, nenhuma dessas respostas costuma ser aceitável ao crente religioso tradicional, porque parecem comprometer dois dos atributos de Deus, a onipotência e a onibenevolência. É por isso que os críticos do teísmo que recorrem ao problema do mal costumam argumentar que a existência do mal torna muito provável que Deus simplesmente não exista. Em outras palavras, a resposta mais provável sobre por que Deus permite o mal é que Deus não existe! É importante enunciar a conclusão ateísta dessa maneira, porque dizer que o mal torna improvável que Deus exista não é o mesmo que dizer que a *razão* pela qual o mal existe é a inexistência de Deus. A inexistência de Deus não poderia explicar *por que* o mal existe no mundo. Mesmo Deus não existindo, ainda temos o fato de o mal existir, e isso ainda exigiria uma explicação.

OS PROBLEMAS DO MAL: LÓGICO, EVIDENCIAL, EXISTENCIAL

A fim de aprofundar a discussão sobre o problema do mal, é útil distinguir três maneiras de ver este problema. A primeira é chamada de problema lógico do mal, e foi defendida pelo famoso filósofo britânico J.L. Mackie.[2] Ele afirmou que a existência de um Deus onipotente e onibenevolente é *incompatível do ponto de vista lógico* com a existência do mal no mundo. O que ele quer dizer é que, se Deus existe, o mal não pode existir, pois Deus seria bom, do que parece se concluir que tudo o que Deus faz também deve ser bom, e que um ser bom gostaria de criar o melhor tipo de mundo, ou seja, impediria o mal, se pudesse. Então, a existência do mal seria logicamente incompatível com a existência de Deus. Portanto, como o mal existe, Deus não existe. Mackie reconhece que uma resposta comum a esse argumento é que a contradição, se é que há alguma, não é muito óbvia, porque Deus com certeza poderia ter alguma razão para o mal. Diante disso, a existência de Deus e a existência do mal não parecem ser logicamente incompatíveis. Mackie concorda com a ideia de que a contradição pode não ser imediatamente óbvia, mas considera que, se prestamos atenção ao que está realmente envolvido em nossa ideia de Deus e no que significa a existência do mal, é razoável concluir que Deus e a existência do mal são logicamente incompatíveis. No entanto, parece que Mackie foi longe demais aqui, e fez uma afirmação demasiado forte, pois, mesmo quando examinamos cuidadosamente os conceitos, ainda parece que um Deus bom e todo-poderoso poderia existir, mas ter algum motivo para permitir que o mal existisse. Só porque achamos que não conhecemos a razão não significa que não haja razão. É difícil ver a incompatibilidade *lógica* que Mackie está defendendo.

Isso levou outros filósofos, sobretudo William Rowe, a desenvolver uma formulação diferente para o problema, a chamada versão evidencial do mal.* O problema probabilístico do mal talvez tenha sido mais bem ilustrado no grande romance *Os irmãos Karamazov*, de Fiódor Dostoiévski. Nesse romance, Ivan Karamazov, crente religioso, levanta o problema do mal na cena horripilante em que o general ordena que os cães dilacerem a criança na frente da mãe, tudo porque a criança em questão tinha ferido o cão favorito do general. Ivan, crente religioso, sugere que qualquer que seja a razão maior para más ações como esta, ele não pode aceitá-la. Nesse caso, Ivan está fazendo uma distinção, penso eu, entre uma *explicação* e uma *justificação* para a existência do mal. Uma explicação, afinal de contas, nem sempre é suficiente para justificar. E o que Ivan Karamazov está sugerindo é que talvez nenhuma explicação de Deus possa justificar o comportamento do general. É precisamente esse tipo de distinção, creio eu, que dá ao argumento probabilístico sua força e faz dele um forte argumento contra a existência de Deus. O argumento probabilístico desafia o teísta a explicar de uma forma que *justifique plausivelmente* por que um Deus bom e todo-poderoso permitiria males terríveis, como o sofrimento humano e animal.

Essa versão do problema abandona a forte afirmação de Mackie de que o mal e a existência de Deus são logicamente incompatíveis e faz uma afirmação menos intensa: de que a existência do mal no mundo torna *improvável* a existência de Deus. O novo enunciado do problema do mal por Rowe é construído com habilidade. Ele deliberadamente não pretende *provar* que Deus não existe, mas apenas que é *provável* que não exista. Rowe utiliza esse argumento para propor que é racional ser ateu, não indo tão longe a ponto de dizer que é irracional ser teísta. Descrevendo-se

---

* N. de T.: No original, *"evidential problem of evil"*.

como ateu amistoso, simplesmente argumenta que a existência do mal no mundo torna pouco provável ou improvável que Deus exista, e isso torna racional ser ateu.[3] De maneira curiosa, por ele estar fazendo essas afirmações mais frágeis, não pretendendo provar que Deus não existe e permitindo que a crença religiosa também possa ser racional, alguns consideram que Rowe faz realmente uma defesa global mais plausível da racionalidade do ateísmo.

Antes de aprofundar a versão de Rowe do argumento evidencial, deixe-me concluir brevemente esta parte, referindo-me ao problema existencial do mal. O problema existencial se refere ao fato ou experiência real do mal na vida de uma pessoa e como ela pode lidar com isso, responder, interpretar e assim por diante. Alguns filósofos descreveram as versões lógicas e evidenciais do problema do mal como problemas abstratos, enquanto o problema existencial é um problema concreto, que afeta as vidas de pessoas reais, e sugeriram que a solução do primeiro pode não ajudar com o segundo, ou que, talvez, a questão toda deva ser abordada principalmente a partir do ponto de vista existencial. Os filósofos da religião geralmente estão preocupados apenas com o problema abstrato, mas argumentam que chegar a uma resposta plausível e coerente para o problema abstrato pode ajudar a lidar com o problema existencial. Contudo, muitos também reconhecem que uma coisa é compreender, e, talvez, aceitar de uma maneira abstrata por que Deus pode permitir o mal, mas outra, bem diferente, é lidar de verdade com o mal na própria vida. Mas apenas a existência de uma diferença clara entre pensar sobre o mal como problema abstrato e realmente lidar com ele na vida real não significa que a pessoa não deva se envolver no debate abstrato e que esse debate não tenha valor. O problema do mal na filosofia da religião levanta uma questão que tem incomodado os crentes religiosos, bem como os ateus; os filósofos, portanto, têm a responsabilidade de pensar nele com cuidado e tentar entendê-lo.

A VERSÃO EVIDENCIAL DO PROBLEMA DO MAL

Aprofundemos a discussão sobre a versão evidencial do problema do mal e vejamos como ela funciona como argumento para a racionalidade do ateísmo. O argumento de William Rowe consiste em duas premissas simples. Ele afirma que um Deus onipotente *poderia* impedir o mal sem perder algum bem maior ou sem permitir algum mal igualmente ruim ou pior. Ele também acredita que um Deus bom *impediria* o mal, a menos que não pudesse fazê-lo sem perder um bem maior ou permitir algum mal igualmente ruim ou pior. A natureza moral de Deus é boa; por isso, é razoável pensar que ele não iria querer que o mal ocorresse. A primeira premissa diz respeito à natureza onipotente de Deus; e a segunda, à sua natureza onibenevolente. Rowe acredita que não haja controvérsia sobre a segunda premissa, e, assim, somente a primeira precisaria de esclarecimento. A maioria dos crentes religiosos concorda que a natureza de Deus é tal que, se pudesse, ele gostaria de impedir o mal. Deus seria, pelo menos, tão decente quanto um ser humano decente, e é isso que um ser humano decente faria se estivesse criando um mundo, de modo que Deus certamente faria o mesmo.

Para explicar a primeira premissa, portanto, Rowe examina alguns casos reais de mal e tenta exemplificar, por meio deles, o tipo de poder que um Deus onipotente teria. Ele acredita que, às vezes, não prestamos atenção concretamente a essa questão e costumamos pensar sobre a onipotência apenas no abstrato. Para aprofundar o tema, Rowe concentra-se na dor e no sofrimento que ocorrem no reino animal. Ele usa a figura bem conhecida de uma pequena corça que fica presa em um incêndio na floresta e sofre terrivelmente durante vários dias, antes de finalmente morrer. Um Deus onipotente poderia ter evitado o sofrimento da corça? A resposta parece ser que sim. Será que algum bem maior seria perdido ao não se interromper o sofrimento do animal? Não, argumenta Rowe, porque Deus pode gerar o bem maior *sem* a necessidade do sofrimento da corça. Por exemplo, suponha que um homem que passa caminhando pela floresta no segundo ou terceiro dia do sofrimento da corça a ouça gritando, alerte as pessoas que moram no local e salve a cidade do incêndio. Isso seria um caso de bem que resulta do mal, mas Rowe argumenta que Deus poderia ter salvo a cidade de alguma outra forma que não exigisse o sofrimento do animal. Do mesmo modo, poderia ter evitado o sofrimento da corça sem permitir qualquer mal maior porque, mais uma vez, tem o poder de fazê-lo. Afinal, Deus é onipotente.

Rowe aceita que, em alguns casos, o mal possa conduzir a um bem maior, mas questiona por que Deus precisaria que o mal ocorresse, se Deus é onibenevolente e onipotente. Ainda acrescenta que, mesmo se concordássemos em que alguns males são necessários para trazer um bem maior, ainda há *demasiado* mal natural no mundo, principalmente se incluirmos todo o sofrimento no reino animal. Também parece haver casos demais de mal *sem sentido*, isto é, eventos ruins que parecem ser principalmente destrutivos ao bem-estar e à felicidade do ser humano e que parecem não cumprir qualquer objetivo maior (às vezes chamados de mal gratuito). Tudo isso, Rowe conclui, torna racional examinar o caso da jovem corça sofrendo na floresta (e muitos casos semelhantes) e chegar à conclusão de que é muito provável que Deus não exista.

Alguns filósofos questionaram a descrição de qualquer evento maléfico específico como sem sentido, pois teríamos que saber com certeza que não estava cumprindo qualquer propósito maior para saber que era verdadeiramente "sem sentido". De qualquer caso dado de mal, talvez possa vir algo bom, e talvez reconhecêssemos essa bondade em alguns casos e não em outros. Por exemplo, tomemos o caso de um criminoso em uma determinada cidade que, acidentalmente, mata uma pessoa ao roubar um banco. O criminoso fica tão arrasado com o que acontece que se regenera e funda uma organização para ajudar outros criminosos naquela cidade a recomeçar a vida. A organização ganha impulso e acaba por ter um sucesso considerável na ajuda para que muitos criminosos se afastem dos seus maus caminhos. Ao longo de vários anos, o número de incidentes maus relacionados ao crime naquela cidade vai diminuir. Este parece ser um caso de bem que resulta do mal. Na verdade, grande parte da história humana é marcada por avanços desse tipo, em que fizemos melhorias efetivas para minimizar o sofrimento humano, aprendendo com os erros do passado. Este é um caso bastante claro de bem que resulta do mal, mas não se sabe se isso nos ajuda a chegar a entender a versão evidencial do problema do mal.

Isso ocorre porque há muitos outros casos em que não é possível ver qualquer bem óbvio resultante de uma ocorrência má. E o que dizer de todos os casos em que os incidentes maus relacionados a assaltos e violência não parecem produzir qualquer bem? A objeção evidencial de Rowe questiona por que Deus não poderia ter criado um mundo em que incidentes como esses fossem minimizados e os que ocorrem tivessem uma razão óbvia para que, pelo menos, não tivéssemos chegado a acreditar que muito do mal carece de sentido. Rowe diz simplesmente que é muito razoável concluir que não há qualquer razão para esse tipo de mal (embora pudéssemos estar errados). Como não tem sentido, e não é razoável dizer que Deus permite males sem sentido, a conclusão de que Deus não existe é racional. Rowe também enfatizou, como vimos, que um Deus onipotente certamente poderia gerar o bem sem precisar de acontecimentos maus. Além disso, a objeção evidencial ganha força justamente porque, ao contrário do que ocorre com o problema lógico do mal de Mackie, mencionado anteriormente, ela não tem a pretensão de provar que Deus não existe. Rowe percebe que essa seria uma afirmação fora da realidade e muito difícil de demonstrar. Assim, ironicamente, ao fazer a afirmação mais modesta de que o argumento só mostra que é provável que Deus não exista, o seu argumento pode ser mais persuasivo.

RESPOSTAS TEÍSTAS: A DEFESA BASEADA NO LIVRE-ARBÍTRIO

Como o teísta poderia responder a vários argumentos do ateísmo baseados no problema do mal? A resposta dos filósofos teístas geralmente deve incluir, no mínimo, um argumento geral afirmando que Deus tem um motivo para o mal, mas não necessariamente dizendo qual seria. Essa abordagem é chamada de *defesa*. Alguns filósofos vão mais longe e tentam oferecer uma teoria para explicar quais são as razões de Deus para permitir o mal. Essas teorias são chamadas de *teodiceias*, e voltaremos a algumas delas mais tarde. Uma das melhores formas conhecidas de defesa é chamada de "defesa baseada no livre-arbítrio". Os defensores desse argumento, incluindo Santo Agostinho (354-430) e, mais recentemente, Alvin Plantinga, Michael Peterson e John Hick, argumentam que a maior dádiva de Deus a suas criaturas é a vontade livre, ou seja, a liberdade de fazer o que quisermos, incluindo rejeitar Deus. Mas a vontade livre tem um preço, ou seja, os seres humanos podem escolher o mal, se assim o desejarem. A questão é que Deus não tem como *evitar* sempre que os seres humanos escolham o mal e, ainda assim, garantir que sejam totalmente livres, com uma *opção verdadeira* entre o bem e o mal.

Alguns filósofos, como J.L. Mackie, questionam esse argumento, e eu me pergunto por que não é possível para Deus criar seres humanos que sejam completamente livres e, ainda assim, *sempre* façam a escolha moral correta, em vez de às vezes escolher a opção errada. Um Deus onipotente não poderia criar seres humanos que fossem livres, mas sempre fizessem a escolha moralmente correta? Os apoiadores da defesa da vontade livre respondem que esta é uma das coisas que um ser onipotente *não pode* fazer (como vimos no Capítulo 4, há algumas restrições lógicas sobre o que mesmo um Deus onipotente consegue fazer). Seria logicamente contraditório, Alvin Plantinga argumenta, que Deus criasse seres realmente *livres* e, ao mesmo tempo, manipulasse suas escolhas para que eles sempre fizessem a opção correta dentro do leque de alternativas. Não é logicamente possível para Deus criar seres verdadeiramente livres que, ao mesmo tempo, sempre escolham o caminho certo. A raiz da contradição envolvida nesse cenário é que Deus teria que nos fazer escolher a opção correta em cada caso, mas, ao mesmo tempo, deveríamos ser verdadeiramente livres.[4] Portanto, assim como Deus quis criar um mundo no qual existissem seres verdadeiramente livres, ele pode muito bem criar um mundo em que o mal exista como resultado de ações humanas livres. Isso ocorre porque a liberdade é uma das maiores dádivas que Deus pode nos dar, talvez ficando atrás apenas da vida. Aos olhos de Deus (e aos nossos), um mundo em que não tivéssemos vontade livre não seria tão bom quanto um mundo em que a tivéssemos; seria um mundo de fantoches e autômatos. E esse mundo, a maioria das pessoas provavelmente concorda, não seria tão desejável como um mundo com seres livres.

A defesa baseada no livre-arbítrio* parece ser uma boa resposta ao problema *lógico* do mal, porque mostraria que a existência de um Deus bom seria compatível com a existência do mal, já que a vontade livre humana é levada em conta no argumento. Também seria uma resposta eficaz para a versão *evidencial* do problema do mal se o mal discutido fosse resultado de ações humanas livres, isto é, do mal moral. Se estamos falando sobre mal moral, a resposta baseada na vontade livre mostra que um Deus todo-poderoso e onibenevolente ainda pode criar um mundo no qual o mal (moral) é possível. Isso porque criar seres humanos com vontade livre é melhor do que criar seres humanos sem vontade livre e melhor do que simplesmente não criar seres humanos. No entanto, a defesa baseada no livre-arbítrio não parece ser uma resposta tão boa para a existência do mal natural. Por que temos um mundo onde há terremotos, desastres naturais e doenças? É por isso que os argumentos de Rowe e outros se concentram mais no mal natural do que no mal moral. Qual é a resposta do filósofo teísta ao problema do mal natural?

---

* N. de T.: Optou-se por traduzir *"free-will"* por "livre-arbítrio" e *"free will"* – sem o hífen, portanto – por "vontade livre". Estritamente falando, os dois conceitos expressos distinguem-se, uma vez que "arbítrio" significa "decisão", e "vontade" é um poder de decisão. No entanto, as duas expressões costumam ser utilizadas em inglês para expressar o mesmo, a saber, o poder ou a capacidade de dedicir ou escolher livremente. As expressões, assim, não estão livres de ambiguidade, e o seu uso como termo filosófico não é esmiuçado pelo autor, mas o próprio uso hifenizado em inglês parece denotar preferencialmente aquele termo técnico do jargão filosófico que, em última análise, é derivado da expressão latina *liberum arbitrium*, que foi cunhado por Agostinho de Hipona (354-430).

EXPLICANDO O MAL DENTRO DO TEÍSMO

Uma resposta diferente para o problema é argumentar que já temos boas comprovações de que Deus existe independentemente do problema do mal – por meio dos argumentos discutidos nos Capítulos 2 e 3 –, e, considerando isso, podemos concluir que, embora seja, sem dúvida, uma dificuldade que requer nossa atenção, o mal deve ser explicado *dentro* do teísmo. O argumento é estruturado da seguinte forma:

1. é razoável acreditar em Deus com as evidências da teologia natural;
2. o mal existe no mundo;
3. portanto, Deus deve ter alguma razão para o mal.

Para situar esse argumento no contexto da declaração de Rowe sobre a versão evidencial do problema, o teísta pode dizer que, quando se observa o exemplo da corça na floresta, é preciso levar em conta não somente o sofrimento aparentemente inútil da corça, mas também a questão da origem do universo, para além de perguntas sobre as origens e o propósito da vida humana, da ordem moral e assim por diante. Em suma, deve-se fazer uma avaliação das evidências *totais* relevantes para a questão da existência de Deus, e não apenas uma avaliação de algumas das evidências. E o teísta vai argumentar que, quando levamos em conta todas as evidências, a alegação de que os males aparentemente sem sentido tornam a existência de Deus improvável torna-se muito menos plausível do que parecia inicialmente. Pois mesmo que (digamos) tenhamos agora o mal de um lado da balança contra a existência de Deus, também temos evidências da causa e do propósito do universo contando a favor da existência de Deus, do outro lado. Mesmo se considerarmos o mal como prova negativa contra a existência de Deus, o balanço das evidências, alega o teísta, ainda favorece o teísmo.

Dessa forma, o teísmo é apresentado como a melhor explicação para o problema do mal, dado que é uma explicação razoavelmente plausível sobre a origem e a natureza do universo, claro. O argumento não diz que, como precisamos explicar a existência do mal no mundo, vamos introduzir a existência de Deus; afinal de contas, a existência do mal deveria ser um argumento contra a existência de Deus. O que o argumento diz é que, dada a plausibilidade da teologia natural, o teísmo é a única visão de mundo dentro da qual a existência do mal tem qualquer possibilidade de fazer sentido. E isso, portanto, seria mais uma evidência em favor do teísmo como melhor explicação. C.S. Lewis opinou sobre esse assunto dizendo que se o mal pesa negativamente contra Deus, a bondade não poderia contar positivamente a seu favor?[5] E há mais bondade no mundo do que mal. Esse fato teria que ser considerado na ponderação das evidências totais quando se está julgando a racionalidade do teísmo em comparação com a racionalidade do ateísmo. Claro, é verdade que, se existe um Deus onibenevolente, esperaríamos encontrar muita bondade no mundo (mas não esperaríamos encontrar o mal; essa é a motivação por trás do problema a ser considerado neste capítulo). Mas o que Lewis diz é que encontramos bondade – muita –, e isso certamente deveria contar como uma evidência confirmadora, se quisermos levar em conta todas as evidências disponíveis relativas à existência ou não de Deus, e não apenas as negativas.

Também já se argumentou que defender o ateísmo apelando ao problema do mal não nos ajuda a explicar ou lidar com o *fato* do mal. Isso parece tornar a existência do mal ainda mais sem sentido, porque, pelo menos na visão teísta, temos a esperança e a expectativa de que o mal acabe por ter um propósito, mesmo que não possamos discernir qual é esse propósito nesta vida. E se realmente há um paraíso eterno que nos espera na próxima vida, talvez o mal não pareça tão ruim desse ponto de vista. Mas, na visão naturalista, há um sentido em que tudo – e não apenas os eventos maus – pode parecer sem sentido, já que o universo e nosso lugar nele são simplesmente ocorrências acidentais e não fazem parte de qualquer propósito ou plano maior. Na verdade, é difícil ver como os ateus poderiam descrever um evento ou acontecimento como *mau* considerando-se a sua visão de mundo, porque descrever um evento como "mau" é sugerir que ele não é do jeito que *deveria* ser, mas invocar o conceito de uma "forma como as coisas deveriam ser" no universo é sugerir implicitamente que existe um criador do universo, que deveria tê-lo criado de uma maneira em vez de outra.

AS TEODICEIAS AGOSTINIANA E IRINEANA

Para tentar dar uma resposta a várias versões do problema do mal, os filósofos teístas, por vezes, propuseram o que se chama de teodiceias. Propor uma teodiceia é tentar ir além da defesa baseada no livre-arbítrio. Enquanto essa defesa simplesmente diz que Deus tem um motivo para o mal (moral), mas não faz qualquer tentativa de especular sobre qual seria essa razão, a teodiceia pretende ir além e oferecer uma explicação para por que Deus permite o mal. Nem todos os filósofos teístas concordam em que teodiceias valham a pena ou sejam necessárias. Alguns teístas, como já mencionei anteriormente, acreditam que o máximo que pode ser dito é que temos boas razões para acreditar que Deus existe, e por isso deve haver alguma boa razão para o mal, mas não podemos descobrir qual é. Alguns dizem que nem há muita razão para especular sobre qual poderia ser essa razão, porque há tanta disparidade entre a nossa mente e a mente de Deus, entre outras coisas, que essa especulação seria de pouca utilidade. No entanto, outros filósofos, como Santo Agostinho e Santo Irineu (c. 141-c. 202) e, mais recentemente, C.S. Lewis, Richard Swinburne e John Hick, tentaram ir além de dizer que a existência do mal não torna necessariamente a existência de Deus improvável. Todos propuseram explicações interessantes para por que o mal existe, tanto o mal natural quanto o moral. Examinemos algumas dessas teodiceias.

Inicialmente, trataremos de um breve resumo da visão de Santo Agostinho.[6] Ele aborda a tarefa de teodiceia da mesma maneira que a maior parte dos teodicistas – ele quer explicar a existência do mal sem fazer de Deus o responsável *direto* por ele. Caso contrário, não teríamos tratado realmente da questão de por que o mal existe e não teríamos livrado Deus da responsabilidade. Enunciado dessa forma, pode-se ver que o problema é realmente espinhoso. Santo Agostinho argumenta que tudo o que Deus cria é bom, e, assim, se o mal ocorre, deve ser explicado como uma privação ou deficiência em algo que era originalmente bom (portanto, rejeitou a visão maniqueísta de que o mal existe como realidade independente). O mal não existe como uma força positiva ou entidade positiva em si, de acordo com Santo Agostinho; ele é uma deficiência em uma coisa boa, um desdobramento ruim que penetra em algo que era originalmente bom. Dessa forma, Agostinho argumenta que Deus só cria coisas boas em si, mas, como o mundo acabou em um estado de queda, algumas das coisas que eram originalmente boas foram submetidas à corrupção. E essa corrupção é a causa do mal em nosso mundo.

Agostinho aceita a doutrina da Queda do homem de um estado original ideal e a doutrina do pecado original, e também as associa à noção de vontade livre. A Queda do homem ocorreu pelo afastamento da vontade livre humana em relação a Deus, o que é também um exemplo do mal como privação, porque envolve uma deficiência de algo que originalmente era bom. Ele argumenta que a noção de vontade livre pode se tornar a base de uma explicação para todos os tipos de mal, tanto naturais quanto morais. Explica o mal moral, já que os seres humanos são livres e, por vezes, escolhem o mal, como já vimos, mas também explica o mal natural, pois ele argumenta que esse mal é o trabalho dos anjos caídos, que são seres livres, como o diabo e outros espíritos malignos. Estes são seres que continuaram a sua rebelião contra Deus, mesmo na vida após a morte. (Mais recentemente, Alvin Plantinga apresentou um argumento semelhante e também o relaciona à defesa baseada no livre-arbítrio.)[7] Santo Agostinho também acredita que parte do mal natural é castigo de Deus pelo pecado.

Os pontos de vista de Santo Agostinho geraram muita discussão na literatura contemporânea entre os filósofos da religião. Os filósofos têm-se deparado com a questão de saber se os seres humanos podem ter alguma liberdade, além da morte, para agir de modo imoral e de maneiras que possam nos afetar na terra. A maioria já não acha que isso seja plausível, principalmente porque, deixando de lado todas as considerações teológicas, parece haver poucas evidências filosóficas independentes para sustentar essa afirmação, e muitos a rejeitam como improvável no século XXI. John Hick, como veremos em seguida, rejeita a doutrina de Santo Agostinho sobre a Queda e nega que os seres humanos tenham sido originalmente perfeitos. Alguns ateus também questionam por que Deus teria permitido que *caíssemos*, a partir de nosso estado originalmente perfeito, em um mundo do mal. Nesse caso, Deus não seria com efeito responsável por dispor as coisas dessa forma?

Muitos também consideram implausível o ponto de vista de que o mal é castigo pelo pecado. Essa visão tem tido popularidade na história da teologia ocidental (que é expressa, por exemplo, pelos amigos de Jó, no *Livro de Jó*, do Antigo Testamento, como razão para o sofrimento dele – uma explicação que o próprio rejeita), mas é provavelmente minoritária hoje, em parte por parecer haver tantas pessoas que obviamente sofrem e nada têm a ver com o pecado. É o caso, sobretudo, de eventos malignos que ocorrem em grande escala, afetando uma grande variedade de pessoas, como o recente *tsunami* na Ásia. Se uma aldeia inteira é exterminada por uma inundação, muitas pessoas inocentes serão mortas, principalmente crianças, junto com as que levaram vidas pecaminosas. No entanto, alguns filósofos contemporâneos, incluindo William Alston, defenderam esse ponto de vista alegando que não sabemos realmente quais pecados as pessoas podem ter cometido e que o mal pode ser um castigo para o pecado, mas nem sempre. Alston acredita que podemos estar enganados sobre algumas de nossas crenças morais, por exemplo, não importa a sinceridade com que acreditemos nelas. Ele também acha que Deus pode ter razões para terríveis males naturais que não podemos discernir, de nosso ponto de vista limitado. Alston afirma que nossas mentes são tão inadequadas, principalmente quando comparadas à de Deus, que não seria razoável descartarmos essa opção.[8]

Tanto John Hick quanto Richard Swinburne fizeram tentativas interessantes de apresentar teodiceias modernas. Examinemos rapidamente ambas as visões. Hick defende, em seu livro *Evil and the God of Love*, a sua conhecida teodiceia da "formação da alma", ou teodiceia irineana. Ele foi influenciado pelos escritos de Santo Irineu e oferece sua visão como alternativa à de Santo Agostinho. Hick adota a defesa baseada no livre-arbítrio para o mal moral, mas argumenta que a razão para o mal natural é que Deus criou um mundo no qual nosso objetivo é nos tornarmos moral e espiritualmente maduros. Por essa razão, o mundo está cheio de desafios espirituais e morais, e o mal natural cumpre um papel fundamental nesses desafios. "Um mundo sem problemas, dificuldades, perigos e sofrimentos seria moralmente estático", Hick afirma, "porque o crescimento moral e espiritual vem por meio da resposta a desafios, e, em um paraíso, não haveria desafios".[9] Também é por isso que Deus não torna a sua existência absolutamente óbvia para nós, de acordo com Hick. Há uma distância "epistêmica" entre nós e Deus, porque só assim os seres humanos podem vir a conhecer e amar Deus livremente. Atingir a bondade moral dessa forma, Hick argumenta, é mais valioso do que simplesmente termos sido criados por Deus com uma natureza moralmente perfeita. Na visão dele, "uma bondade moral que exista como natureza inicial dada do agente, sem nunca ter sido escolhida por ele diante das tentações em contrário, tem intrinsecamente menos valor do que uma bondade moral que tenha sido construída através das escolhas responsáveis do próprio agente ao longo do tempo, diante de outras possibilidades".[10] No fim, segundo Hick, todo mundo se salva, pois isso faz parte do plano de Deus: "Somente se incluir toda a raça humana, [a salvação] pode justificar os pecados e os sofrimentos de toda a raça durante toda a história".[11] No entanto, Hick percebe que muitas pessoas não parecem ter saúde moral ou espiritual quando deixam a vida presente, então ele é forçado a especular que talvez o processo de "formação da alma" continue após a morte, e ele mesmo sugere que as pessoas possam reencarnar em vidas futuras, para que esse processo possa continuar e ser concluído.

Essa visão tem sido criticada por ser bastante especulativa, com muito pouca ou nenhuma evidência para sustentá-la. Além disso, parece haver mal demais usado por Deus na tentativa de desenvolver nosso caráter moral. Os meios parecem excessivos para os fins. Hick parece não dar peso suficiente aos inúmeros casos em que o mal aparentemente destrói as pessoas e os casos em que ele claramente corrompe e com certeza não reforma. Em geral, certos tipos de mal parecem corromper mais do que reformam. Talvez, em sua visão, tenhamos que considerar certos males como bens, porque eles existem com vistas a gerar um bem maior. Por exemplo, pode-se usar a abordagem dele para argumentar que o aumento da criminalidade em uma cidade (digamos, de assaltos) poderia ser um evento positivo, pois oferece a todos aqueles que são afetados pelo crime – vítimas e autores – uma oportunidade para construir caráter – às primeiras, tornando-as mais fortes (por meio do desafio de lidar com o crime), e aos segundos, fazendo com que se arrependam (o que muitos acabam fazendo). Dessa forma, muitas pessoas afetadas pelo aumento da criminalidade se aproximam de Deus no processo de formação da alma, desenvolvem os seus caracteres morais ao longo do tempo e, gradualmente, amadurecem até o estado de graça, ficando prontas para a salvação.

Uma vantagem da visão de Hick é que ela explicaria o mal natural, bem como o mal moral. Ele argumenta que o mundo natural funciona de acordo com leis físicas, e essas leis físicas devem se sustentar de forma constante para que vivamos em um universo estável. Um universo estável é aquele em que grande parte dos benefícios caberia a nós: por exemplo, como as leis da física se comportam de forma constante, podemos construir carros, computadores e curar doenças. Mas a estabilidade tem um preço, o que, às vezes, é a ocorrência do mal natural; por exemplo, o carro perde a roda e provoca um acidente, e o motorista morre. Como também argumentou C.S. Lewis, "Se o fogo conforta esse corpo a uma certa distância, irá destruí-lo quando a distância for reduzida [...]".[12] A questão é que a estabilidade provocada pelo fato de o nosso universo uniformemente obedecer às leis naturais torna possível a vida como a conhecemos, com todos os seus problemas, mas também com todas as suas virtudes.

Richard Swinburne desenvolveu um argumento semelhante.[13] Ele acredita que não temos simplesmente que contar com a abordagem mencionada de contrabalançar as evidências contra o mal, o que tornaria a existência de Deus mais provável do que improvável. Swinburne oferece um argumento detalhado de que os grandes males sobre a terra, tanto aqueles que envolvem seres humanos quanto os que envolvem animais, contribuem para o bem, no sentido de que o bem não poderia se realizar sem a ocorrência real ou possível dos males. O seu argumento é uma versão muito sofisticada da opinião de que algum mal é (logicamente) necessário para que o bem ocorra – um argumento que também foi expresso por São Tomás de Aquino. Swinburne sustenta que, por exemplo, para melhorarmos o conhecimento do mal que resultará de nossas ações livres, as leis da natureza devem operar com constância e regularidade; mesmo assim, uma consequência seria a existência de mal e sofrimento no mundo. É por isso que Deus não intervém milagrosamente a qualquer momento em que as leis naturais de funcionamento do universo estão prestes a causar sofrimento humano. Embora reconheça que essa abordagem não está em voga atualmente, Swinburne desenvolve um argumento intrigante segundo o qual, se quiser criar criaturas sensíveis a tudo o que é bom, Deus vai permitir que elas tenham desejos que costumam ser permanentemente frustrados. Logicamente, isso requer males temporários ao longo do caminho. Um mundo sem esses males, Swinburne argumenta, não seria tão bom como um mundo com eles. Ele tenta defender tanto o mal natural quanto o moral dessa forma. Swinburne acredita que essa linha de raciocínio mostra que é muito plausível sustentar que um Deus onibenevolente poderia ter um motivo *suficiente* (justificável) para permitir o mal. Ele ressalta que uma das razões por que as pessoas acham difícil acreditar que podemos fazer progressos na teodiceia hoje é que temos uma concepção muito estreita do bem e do mal, vendo como únicos bens os prazeres sensoriais e como únicos males os sofrimentos sensoriais. E um Deus onibenevolente e todo-poderoso deveria ser capaz de garantir os prazeres sem os sofrimentos. Mas essa concepção do bem e do mal é completamente inadequada aos seres humanos; na verdade, na famosa e convincente argumentação dos filósofos gregos (principalmente Platão e Aristóteles), essa concepção não é digna dos seres humanos e não leva em conta as nossas qualidades e faculdades superiores. Assim, se definirmos o bem mais amplamente, para incluir as virtudes morais, o desenvolvimento do caráter moral, a capacidade de demonstrar compaixão e procurar a justiça, Swinburne acredita que uma teodiceia na linha sugerida por ele se torna muito mais plausível.

A principal questão que surge ao avaliarmos essas tentativas interessantes de fazer teodiceia moderna é se Deus poderia ter construído um mundo natural que, em sua maior parte, seguisse as leis da física, mas que *não* contivesse os males naturais. Por que, afinal de contas, quando se está criando um mundo, deve-se permitir a ocorrência de terremotos? Como disse H.J. McCloskey, por que não criar um conjunto de leis físicas que nos permitam ter todas ou a maioria das coisas boas e nenhum dos efeitos maus?[14] Ou talvez um mundo onde, quando o mal natural estiver prestes a ocorrer, Deus intervenha diretamente e o impeça. Por exemplo, se uma inundação está prestes a destruir uma ponte, por que Deus não intervém diretamente e impede que a ponte desabe? Uma resposta óbvia é que, em muitos casos, isso pode interferir na vontade livre. Isso seria verdadeiro se os engenheiros que construíram a ponte tivessem sido deliberadamente negligentes. Nesse caso, o mal teria sido resultado do livre-arbítrio, e não de causas naturais (na verdade, pode haver certa confusão entre limites de mal natural e mal moral, em alguns casos, se, por exemplo, contrairmos uma doença devido a comportamento irresponsável ou se permitirmos que muitos morram de fome quando poderíamos ter evitado). Mas essa resposta não vai, obviamente, dar conta de todos os casos de mal natural. Hick e Swinburne afirmaram que, mesmo que Deus pudesse ter criado um mundo onde o mal natural não acontecesse, a criação dessa espécie de paraíso na Terra não seria uma coisa boa. Em geral, esses filósofos não querem minimizar os casos de mal natural, mas apenas argumentar que eles não são suficientes para tornar racional qualquer ateísmo nem para tornar qualquer teísmo irracional.

6
A experiência religiosa e Deus

O argumento para defender a existência de Deus com base na experiência religiosa tem recebido muita atenção dos filósofos nas últimas décadas. Em termos de ênfase, difere daqueles que examinamos anteriormente, porque liga a racionalidade da crença em Deus às experiências pessoais do indivíduo de forma bastante direta. É fácil entender por que um argumento desse tipo pode ter apelo e influência consideráveis sobre uma determinada pessoa, mas por que, ao mesmo tempo, pode ser difícil convencer outras (que não tiveram experiência religiosa própria) de sua validade ou confiabilidade. O argumento da experiência religiosa pertence ao conjunto de argumentos tradicionais para a existência de Deus, mas filósofos contemporâneos têm proposto novas versões, que muitas vezes recorrem a conceitos úteis em outros ramos da filosofia, principalmente a epistemologia. Além disso, sobretudo nos Estados Unidos, há grande interesse no argumento, porque muitos crentes religiosos alegam ter tido uma experiência religiosa pessoal e costumam apresentá-la como razão principal para o seu compromisso com a visão religiosa de mundo. Como resultado, os argumentos para a racionalidade da crença em Deus que apelam às experiências religiosas têm bastante popularidade. Examinaremos alguns desses argumentos interessantes neste capítulo, mas, antes disso, é preciso esclarecer o que entendemos por experiência "religiosa".

O QUE É UMA EXPERIÊNCIA RELIGIOSA?

Você já teve uma experiência religiosa? Como sabia que era uma experiência *religiosa*? Seria capaz de descrevê-la a um amigo? Muitas pessoas acreditam sinceramente ter tido algum tipo de experiência religiosa, e, com frequência, essas experiências afetam as suas vidas de maneira profunda. Na história, há muitos relatos de experiências religiosas, tais como as de Moisés no Antigo Testamento ou as experiências religiosas de Jesus, São Paulo, São Francisco de Assis (1181-1226) ou Santa Teresa de Ávila (1515-1582). Há as experiências dos místicos religiosos, como São João da Cruz (1542-1591) ou São Bernardo de Clairvaux (1092-1153), que inspiraram muitos e geraram muita discussão e análise. É claro que muitas pessoas não tiveram experiências religiosas; na verdade, os críticos costumam ser céticos em relação a elas e acreditam que aqueles que dizem que as tiveram estão enganados, talvez estejam se iludindo ou, em alguns casos, até mesmo possam ter "criado" ou inventado a experiência. Alguns críticos argumentam que todas as experiências religiosas têm as suas origens nas estranhezas psicológicas e nas suscetibilidades de uma mente humana frágil, tentando lidar com uma realidade que costuma ser difícil. A natureza subjetiva das experiências religiosas fez elas serem difíceis de estudar e analisar do ponto de vista filosófico. Mesmo assim, por terem cumprido um importante papel na história da religião e por poderem ter alguma validade, as experiências religiosas são dignas da atenção dos filósofos e podem nos ajudar a lançar alguma luz sobre a questão da existência de Deus, bem como sobre outros aspectos da crença religiosa.

Há muitos tipos diferentes de experiências que já foram descritas como religiosas, mas é possível identificar algumas características comuns que surgem em diversas delas. Uma experiência geralmente descrita por muitos crentes religiosos comuns como sendo religiosa pode envolver a sensação de uma dimensão transcendente, para além da ordem natural, o que pode incluir uma sensação ou experiência de algo maior do que nós mesmos ou ser mais específica e incluir a sensação de um *ente* maior do que nós. Este poderia ser o próprio Deus ou uma experiência com um ser relacionado a ele, como a Virgem Maria, ou, ainda, nas religiões orientais, uma experiência da Realidade Última, como a "Unidade" do hinduísmo. Por exemplo, São João da Cruz descreveu a sua experiência religiosa: "Oh, você, então, toque delicado, a Palavra, o Filho de Deus, através da delicadeza de seu ser divino, você sutilmente penetra na substância da minha alma e, tocando-a toda levemente, absorve-a toda em você mesmo em formas divinas de delícias e doçuras inimagináveis na terra de Canaã [...] Como você, a Palavra, o Filho de Deus, toca de maneira leve e suave, sendo tão incrível e poderoso?".[1]

Santa Teresa de Ávila descreve a sua experiência de maneira bem diferente:

> Eu orava em uma celebração do glorioso São Pedro, quando vi Cristo ao meu lado ou, melhor dizendo, eu estava consciente dele, pois nem com os olhos do meu corpo nem com os da alma eu via coisa alguma. Achei que ele estava bem perto de mim e vi que era Ele quem, como eu pensava, estava falando para mim. Ignorando completamente que visões desse tipo poderiam ocorrer, inicialmente fiquei com muito medo e nada fiz além de chorar, embora tão logo Ele me dirigiu uma única palavra para me tranquilizar, fiquei quieta novamente, como já tinha estado antes, e não senti qualquer medo. Todo esse tempo, Jesus Cristo parecia estar ao meu lado, mas, como aquela não era uma visão imaginária, eu não conseguia discernir de que forma [...][2]

As experiências religiosas mais comuns podem incluir a de que a vida é uma dádiva, a de que Deus criou o universo e a de que Deus está presente.

Durante experiências religiosas, pode haver emoções religiosas presentes, tais como sentimentos de felicidade ou de esperança, bem como sentimentos de abandono ou pecado. As experiências religiosas podem envolver a consciência sensorial, seja de um objeto público ou privado. Nos evangelhos, por exemplo, os discípulos têm uma experiência religiosa pública do Cristo Ressuscitado. Já Santa Teresa não parece ser capaz de descrever as suas experiências em termos sensoriais. Rudolf Otto (1869-1937) propôs que as experiências religiosas envolveriam uma experiência subjacente do que ele chama o numinoso. Essa experiência tem três partes (muitas vezes chamada de *mysterium tremendum et fascinans*) – nosso sentimento de dependência em relação a Deus, nosso sentimento de medo ou temor diante de Deus e, também, a nossa busca ou desejo do Deus transcendente.[3]

DOIS TIPOS DE ARGUMENTO A PARTIR DA EXPERIÊNCIA RELIGIOSA

Hoje, é possível distinguir dois tipos muito diferentes de argumento com base na experiência religiosa. O primeiro pode ser chamado de *argumento tradicional* a partir da experiência religiosa, e é a ele que a maioria das pessoas provavelmente está se referindo quando pensa em argumentos sobre experiências religiosas. A estrutura geral desse argumento envolve uma premissa simples que leva a uma conclusão simples. A premissa é de que muitas pessoas têm experiências religiosas profundas; a conclusão é de que essas experiências são mais bem explicadas pela existência de

Deus. O argumento não afirma *provar* que Deus é a causa da experiência nem diz que podemos necessariamente saber com certeza (mesmo que tenhamos tido a experiência) que Deus é a causa (embora talvez essa possibilidade não possa ser completamente descartada em todos os casos). A conclusão simplesmente diz que, levando tudo em conta, é razoável concluir que Deus é a causa provável de muitos tipos de experiência religiosa.

Fundamental nesse tipo de argumento é que se *infere* que Deus deve ser a causa da experiência religiosa. Avança-se logicamente, por assim dizer, do fato de que se tem uma experiência profunda de algum tipo, uma experiência que se pode pelo menos tentar descrever, à *inferência* de que Deus é a sua causa mais provável ou a sua melhor explicação. Alguns filósofos, como John Hick e Richard Swinburne, vão ainda mais longe (como veremos mais adiante) e argumentam que a inferência pode não se justificar apenas para a pessoa que tem a experiência, mas também para as que não a tenham tido elas mesmas, porque estas poderiam ainda ver as experiências de outras, como lhes foram relatadas – por exemplo, dos santos ou de Jesus, ou de seus próprios familiares ou amigos – e concluir que Deus é a causa mais provável. E assim seria possível considerar o argumento da experiência religiosa como um argumento em favor da existência de Deus, mesmo sem ter tido uma experiência desse tipo. Essa forma tradicional do argumento está bem estabelecida e recebeu apoio considerável de filósofos religiosos. Ela se baseia na ideia intuitiva de que, embora algumas alegações de experiências religiosas sejam inegavelmente falsas ou fraudulentas, ou delirantes, ou equivocadas, *nem todas o são*. Há simplesmente casos críveis demais de experiências religiosas na história vivenciadas por pessoas razoáveis e muito inteligentes para simplesmente descartá-los todos como equivocados. Dito isso, a forma tradicional do argumento tem certa plausibilidade intuitiva.

Uma versão contemporânea do argumento da experiência religiosa foi proposta por filósofos anglo-americanos da religião, principalmente Alvin Plantinga e William Alston. Como acabamos de ver, o argumento-padrão, ou argumento tradicional, baseado na experiência religiosa sustenta que se faz uma inferência *a partir* das próprias experiências *à* existência de Deus. Os críticos do argumento geralmente alegam que a inferência é injustificada em algum sentido importante, que as pessoas erroneamente (por uma série de razões) acreditam que as suas experiências são "religiosas", quando realmente não são.

É precisamente no ponto da inferência ou na interpretação da experiência que os críticos atacam o argumento. No entanto, Plantinga e Alston acreditam ser possível contornar essa típica crítica ateísta ao argumento. Eles argumentam que, na verdade, *não há* inferência envolvida em muitos casos de experiência religiosa, que se está, de alguma forma, *diretamente consciente* da presença de Deus na experiência, e acreditam que essa versão do argumento – chamemo-la de versão contemporânea – escapa às críticas tradicionais precisamente porque não há inferência envolvida. Eles sustentam que, para uma pessoa que tem uma experiência religiosa, esse seria um forte argumento para defender a racionalidade da crença em Deus e, pelo menos indiretamente, também poderia ser usado como argumento mais geral para a racionalidade da crença, mesmo para quem não teve uma experiência religiosa. Concentremo-nos nesse novo argumento baseado na experiência religiosa, já que ele tem recebido muita atenção. Também trataremos da versão tradicional a título de comparação e contraste.

O ARGUMENTO CONTEMPORÂNEO: EPISTEMOLOGIA REFORMADA

O argumento contemporâneo da experiência religiosa foi influenciado por uma perspectiva teológica específica que, no passado, minimizou com frequência a racionalidade da crença religiosa e a considerou mais uma questão de fé do que de razão.[4] Plantinga e Alston não vão tão longe, mas afirmam que as crenças religiosas não precisam ser justificadas com recurso à teologia natural. A sua nova abordagem ficou conhecida como "epistemologia reformada", segundo a tradição reformada em teologia, inspirada por João Calvino (1509-1564). Calvino acreditava que Deus plantou em cada ser humano uma disposição de acreditar nele e que cabe a nós despertar essa disposição, e essa visão influenciou tanto Plantinga quanto Alston. Na epistemologia reformada, debate-se se essa nova abordagem está tentando justificar *filosoficamente* a crença religiosa. Plantinga, em particular, tem sido bastante tímido em relação a essa afirmação, e às vezes sugere que está simplesmente tentando mostrar como a crença em Deus pode ser racional para um *determinado* crente religioso com base nas experiências religiosas do próprio crente. Mas, também indicou que, se alguém pudesse demonstrar, em geral, que a crença em Deus é racional para um determinado crente religioso com base nessas experiências, seria uma forma indireta de justificar filosoficamente a crença religiosa.

A abordagem de Plantinga, como veremos, também inclui uma crítica à visão ateísta tradicional da existência de Deus, e, por isso, também podemos considerá-la como uma tentativa de sustentar filosoficamente a crença religiosa. Ele tenta anular, por ilegítimo, certo tipo de objeção a crenças religiosas, que se baseia na exigência de "evidências objetivas" para essas crenças. Ele chama isso de "objeção evidencialista" e tenta mostrar que ela não é pertinente.

A abordagem de Plantinga começa com uma crítica da teoria epistemológica tradicional conhecida como "fundacionalismo clássico".[5] O fundacionalismo clássico é uma teoria do conhecimento de caráter razoavelmente de senso comum, e uma versão dela deu continuidade à principal abordagem à epistemologia na história da filosofia. Uma versão era sustentada por Descartes e Locke, entre muitos outros filósofos ilustres, mas no século XX sofreu ataques, e alguns, incluindo os epistemólogos reformados, acreditam que esse ataque pode ajudar a crença religiosa. O fundacionalismo clássico se baseava na visão de que existem dois tipos de crenças, as crenças básicas e as crenças inferidas. As crenças básicas são tipos óbvios, comuns, cotidianos de crenças de senso comum, e são justificadas simplesmente em virtude de ser básicas. Exemplos dessas crenças são "estou sentado em minha mesa lendo um livro agora", "tomei muito café da manhã hoje", "2 + 2 = 4", "estou com dor de dente" e assim por diante. Resumindo, como diz Plantinga, crenças que são "evidentes por si só, evidentes aos sentidos ou incorrigíveis".[6] Essas crenças são básicas porque *não* são inferidas de quaisquer outras. O segundo tipo de crença – as inferidas – é inferido com base em outras crenças, ou seja, as básicas. Por exemplo, a minha crença de que o meu carro precisa de limpadores de para-brisa novos é uma crença inferida, minha crença de que Platão era um grande filósofo é uma crença inferida e assim por diante. A crença de que o meu carro precisa de limpadores de para-brisa é inferida a partir de outras crenças que eu também tenho: por exemplo, de que o para-brisa está constantemente sujo, de que os limpadores não o limpam quando está chovendo, etc. Algumas dessas crenças também podem ser inferidas, mas a cadeia de inferências sempre retorna ao fim de um conjunto de crenças básicas. Com efeito, segundo os fundacionalistas clássicos, todas as nossas crenças inferidas podem ter sua origem identificada na dependência em relação a um conjunto de crenças básicas. As crenças básicas incluem as que se enquadram nas categorias gerais de crenças perceptivas e observacionais comuns, crenças de memória, crenças que chegaram pela introspecção e assim por diante.

De acordo com essa abordagem epistemológica, que muitos considerariam como razoável e de senso comum, a crença em Deus seria uma crença inferida, e não uma crença básica. Isso é ilustrado por meio da análise dos diversos argumentos já apresentados neste livro. Por exemplo, no argumento cosmológico, a crença em Deus é inferida a partir de outras que temos sobre o mundo, e estas são identificáveis com um conjunto de crenças básicas. Então, como vimos em relação a esses tipos de argumentos, o debate em filosofia da religião não é de modo nenhum sobre as crenças básicas, e sim sobre se a inferência da existência de Deus – a cadeia de inferências de fato – se justifica. O empreendimento da teologia natural, portanto, baseia-se em uma epistemologia fundacionalista bastante simples.

O argumento de Plantinga é bastante ousado. Ele afirma que a crença em Deus não pode ser uma crença inferida para uma ampla gama de pessoas, mas pode, na verdade, ser uma crença básica. Isso não significa negar que, para alguns, poderia ser uma crença inferida – se eles cressem com base no argumento cosmológico, por exemplo –, mas para aqueles que creem com base em suas próprias experiências religiosas, a crença em Deus é básica, como as crenças baseadas em percepção, observação, memória e assim por diante. Em certo sentido, Plantinga talvez não esteja atacando o fundacionalismo clássico como tal, e sim argumentando que não há um *critério* tácito por trás dele, um critério para decidir o que seria uma crença básica. Ele quer *ampliar* o critério para permitir que a crença em Deus com base em experiências religiosas esteja entre as crenças fundacionais ou básicas. Para justificar a ampliação do critério dessa maneira, seria necessário que ele fizesse duas coisas:

1. fornecer descrições bastante claras e pormenorizadas de experiências religiosas e
2. demonstrar, de forma plausível, que nessas experiências chega-se à crença em Deus de forma direta, não sendo uma crença inferida.

A abordagem geral de Plantinga parece exigir um trabalho minucioso sobre a descrição de experiências religiosas, que os filósofos chamam de fenomenologia das experiências religiosas – e é aqui que a visão de Plantinga (e a de Alston) é insuficiente, aos olhos de muitos.

Para desenvolver o seu argumento, Plantinga afirma que o fundacionalismo clássico é baseado no critério de que "o que quer que seja evidente por si só, evidente aos sentidos ou incorrigível" é uma crença básica, e qualquer crença que não cumpra esse critério, então, seria uma crença inferida – a crença em Deus, por exemplo. Segundo essa teoria, um filósofo religioso seria obrigado a justificar ou apresentar evidências que o fazem acreditar em Deus. Como Plantinga se propõe a solapar essa visão?

Ele faz isso alegando que não há argumento bom para sustentar o critério fundacionalista para o que ele chama de "crenças propriamente básicas". Segundo Plantinga, o critério é incoerente de forma autorreferente, porque *ele próprio* não é evidente por si só, nem evidente aos sentidos, nem incorrigível! O critério se contrapõe a si mesmo, pois diz que, por um lado, deveríamos começar com as crenças que sejam evidentes por si sós, evidentes aos sentidos e incorrigíveis, mas depois passamos a aceitar o critério em si, que não é nenhuma dessas coisas.

Uma maneira de responder a essa questão é argumentar que o critério fundacionalista é *inferido* – uma generalização sobre crenças evidentes por si ou incorrigíveis a que se chegou examinando muitos exemplos. Dessa forma, o critério não é aceito por ser uma crença básica, e sim, pelo contrário, como inferência indutiva baseada em uma análise racional da confiabilidade das crenças básicas. Em resumo, concluímos que as crenças a que se chegou dessa forma são muito confiáveis, podemos confiar nelas e reconhecer que são verdadeiras. E, assim, temos um bom motivo, afinal de contas, para manter o critério e usá-lo como forma de diferenciar crenças racionais e irracionais (ou, mais precisamente, as crenças que precisam de suporte probabilístico das que normalmente não precisam). Se aceitarmos a crítica de Plantinga ao critério, corremos o risco de não ter como fazer isso. A sua abordagem pode atrair uma espécie de relativismo sobre as nossas crenças, porque, se rejeitamos o critério para as crenças básicas, pode não haver qualquer forma de decidir se uma determinada crença básica é racional ou não, e isso nos levaria na direção do irracionalismo.

Alguns desenvolveram esse argumento crítico para afirmar que Plantinga está sugerindo implicitamente que a crença em Deus é realmente *sem fundamento*, que não precisamos de qualquer evidência nem razão para acreditar em Deus.[7] Podemos acreditar em Deus com base em várias de nossas próprias experiências e, em caso de contestação à nossa crença, simplesmente responder que é uma crença básica. Uma segunda crítica é que a visão de Plantinga parece sancionar praticamente qualquer tipo de crença, não importa o quão ridícula ou mal sustentada, ou até mesmo perigosa. Por exemplo, o que impediria uma pessoa que adora o Abominável

Homem das Neves de argumentar que essa crença é propriamente básica e que, por ser básica, é racional e não requer mais justificação?

Plantinga rejeita ambas as críticas. Como Alston, ele tenta fazer uma analogia entre a experiência perceptiva comum e a experiência religiosa para ilustrar o seu argumento. Ele dá o exemplo de crenças como "eu vejo uma árvore" ou "essa pessoa está sofrendo" e argumenta que são justificadas pela experiência própria da pessoa. Eu não considero o comportamento da outra pessoa quando ela está sofrendo, por exemplo, como *evidência* de que ela está sofrendo. A minha crença de que ela está sofrendo é, portanto, propriamente básica. O mesmo também costuma se aplicar às crenças de memória; a minha crença de que tomei café da manhã é uma crença básica. Ele conclui dizendo que há certa condição em que me encontro, a qual reconheço, mas que é difícil enunciar em detalhe, e quando estou nessa condição sei que minhas crenças são propriamente básicas.

Alston centrou-se mais detalhadamente nas descrições das experiências religiosas.[8] Ele sustenta que as experiências religiosas são um tipo de percepção e, por isso, têm a mesma estrutura da percepção. Há três características da experiência perceptiva comum: quem percebe (você), o objeto percebido (a mesa) e o fenômeno ou a aparição (a aparição da mesa para você). Alston afirma que podemos entender uma experiência religiosa como tendo as mesmas três características, e o fenômeno seria a maneira como Deus nos aparece na experiência. Obviamente, os crentes religiosos descrevem que Deus lhes aparece de muitas maneiras diferentes, algumas vagas, algumas um pouco mais específicas, algumas envolvendo dados sensoriais, algumas inefáveis. Mas Alston acredita que as semelhanças entre experiências perceptivas e religiosas podem nos ajudar a entender estas últimas de forma mais clara.

Pode-se objetar que esses filósofos estão forçando demais a analogia entre as experiências de percepção e as experiências religiosas. Por exemplo, a minha crença de que "essa pessoa está sofrendo" se baseia, certamente, na minha visão de seu sofrimento e, portanto, pode não ser uma crença propriamente básica, e Plantinga está simplesmente sendo irresponsável ao tentar expandir a classe das crenças propriamente básicas. Mas, sem entrar muito no debate sobre os respectivos méritos de várias teorias do conhecimento conflitantes, talvez se pudesse concordar com os epistemólogos reformados em sua afirmação de que as crenças perceptivas comuns do tipo a que se referem são, de fato, crenças básicas, pois implicam experiências perceptivas cotidianas comuns, que normalmente envolvem experiências sensoriais, como visão, audição e tato. Mas uma objeção comum à visão deles é que as experiências religiosas não são suficientemente semelhantes a essas experiências perceptivas para que a analogia funcione.

Uma experiência com Deus não parece suficientemente semelhante a eu ver agora uma árvore diante de mim. No entanto, Plantinga e Alston argumentam que muitas condições em nossa experiência, como culpa, gratidão, perigo, um sentido da presença de Deus, evocam crenças *religiosas* propriamente básicas, da mesma forma como muitas condições em nossa experiência evocam as crenças perceptuais propriamente básicas. Plantinga sugere que, em alguns casos, a pessoa pode ter a crença de que "Deus criou esta flor" ou que "Deus está próximo", e essa experiência a leva diretamente a crer em Deus. De alguma forma, a crença em Deus é diretamente trazida na experiência. Essa crença não se baseia em outras e, por isso, é uma crença básica, mas, novamente, podemos nos perguntar o que impediria alguém de justificar absolutamente qualquer crença usando essa abordagem (por exemplo, afirmar que se teve uma experiência de Deus em que ele disse para morar em um abrigo subterrâneo para o resto da vida)? Se questionada sobre essa crença, o que impede a pessoa de afirmar que é uma crença propriamente básica, fundada em uma experiência religiosa pessoal e, ainda, que é racional, e não aberta a um questionamento de tipo evidencialista?

Em resposta a esse tipo de objeção, Plantinga considera óbvio que algumas crenças não sejam justificadas; ele dá exemplos de crenças sobre a Grande Abóbora (a partir das histórias em quadrinhos *Peanuts*), do vodu ou da astrologia. Plantinga diria que essas crenças não são evocadas nas condições certas. Ao investigar a crença sobre o abrigo subterrâneo, por exemplo, descobriríamos que a pessoa não era muito racional e que as suas crenças não estavam ligadas às suas experiências, que ela estava psicologicamente perturbada ou algo parecido. Assim, as condições certas para essa pessoa ter as crenças básicas que alega ter não se estabelecem. Plantinga afirma que a maneira correta de descobrir se uma crença é propriamente básica é por meio de *indução*. O que devemos fazer, diz ele, é "reunir exemplos de crenças e as condições em que essas crenças propriamente básicas são evocadas de tal forma que as primeiras sejam, por óbvio, propriamente básicas nas segundas".[9] Para crenças perceptivas, um exemplo pode ser "eu vejo uma árvore diante de mim"; conhecemos as condições em que essa crença seria justificada, mesmo sendo uma crença básica. Se, por exemplo, você estivesse tomando um medicamento muito forte que o levasse a ter alucinações ocasionais com diferentes tipos de árvores, não poderia confiar nessa crença perceptiva, mas, caso contrário, confiaria. Plantinga e Alston argumentam que conhecemos os tipos apropriados de condições nas comunidades religiosas que evocam as crenças religiosas. Por exemplo, em uma comunidade cristã, as pessoas normalmente têm crenças religiosas do tipo "Deus está próximo", "Deus está falando comigo" ou "Deus criou esta flor", etc. Elas são crenças propriamente básicas e, portanto, justificadas. Plantinga afirma que muitas pessoas têm algum tipo de experiência direta com Deus (que ele não descreve totalmente) – uma experiência que torna a sua crença em Deus básica, racional e justificada. Ele também está dizendo que ninguém tem o tipo de experiência direta que o adorador do Abominável Homem das Neves pode afirmar ter, ou, se tiver, isso não pode ser considerado como uma crença básica e acabaria aberto a questionamento.

Os críticos, no entanto, desejam promover o argumento de que experiências perceptivas comuns não são suficientemente similares às experiências religiosas para possibilitar analogias. Muitas pessoas, por exemplo, não têm experiências religiosas do tipo mencionado, ao passo que todo mundo tem experiências perceptivas normais. Esta é certamente uma parte importante da razão pela qual estas últimas não são controversas, mas as primeiras o são. Outro problema das experiências religiosas é que alguns, como Wayne Proudfoot, argumentam que elas sempre têm elementos interpretativos que *motivam* a inferência da existência de Deus.[10] Portanto, a existência de Deus não costuma ser diretamente óbvia na experiência (embora esta última possibilidade não possa ser descartada *a priori*). É por isso que a descrição das experiências religiosas é uma parte essencial do debate. Tomemos a experiência de que Deus criou uma flor. Muitas pessoas provavelmente já tiveram essa experiência ou alguma semelhante (e, em seguida, formariam a crença de que Deus existe). Mas uma questão levantada por esse tipo de experiência é a seguinte: a experiência de que "Deus criou esta flor" foi propriamente básica, no sentido de Plantinga, ou eu formo a crença *porque* estou comprometido de antemão com a visão religiosa de mundo? Considerando-se que a pessoa pode já acreditar em Deus, ela tende a ver ou interpretar o mundo pelo "olhar religioso", por assim dizer. A questão aqui é que, se alguém está comprometido com uma visão religiosa de mundo, pode ver o mundo de forma religiosa, mas isso não poderia ser considerado como uma *justificativa* para aceitar uma visão religiosa de mundo (ou seja, acreditar em Deus).

Isso nos leva à questão de saber se há ou não uma *interpretação* envolvida na maioria das experiências religiosas, uma pergunta fundamental feita frequentemente em relação ao argumento tradicional. Eu poderia relatar a vocês a minha experiência de sentir que a presença de Deus, às vezes, está próxima, uma experiência que muitos leitores sem dúvida conhecem. Mas talvez eu tenha essa experiência *porque* sou crente religioso, comprometido com a imagem de mundo religiosa, se você preferir (como Wittgenstein poderia ter dito); eu tendo a ver o mundo de maneira religiosa. Se for o caso, eu provavelmente não poderia considerar essa experiência da presença de Deus como uma *razão* para acreditar em Deus, pois experimento o mundo dessa forma só porque já acredito em Deus. A segunda observação é que, como estou interpretando as minhas experiências de uma determinada maneira – sob influência da visão de mundo religiosa com a qual estou comprometido –, é possível que haja inferência envolvida. A inferência pode ser a partir de alguma outra experiência real que eu esteja tendo, digamos, com a majestade e o mistério do universo, até um sentimento da presença de Deus com base nessa experiência. Disso se conclui, porém, que não tenho justificativa para acreditar em Deus, com base na experiência?

A partir dessas observações sobre experiências religiosas, não se pode descartar o fato de que Deus poderia se manifestar diretamente a uma pessoa de alguma forma, por meio de uma experiência religiosa. Se Deus existe, certamente tem que ser possível que ele faça uma revelação de si mesmo na experiência humana de várias maneiras e que uma pessoa que tenha essa experiência *saiba* que é Deus que está se revelando. Deus certamente pode se dar a conhecer dessa forma. Assim, poderíamos concluir que, enquanto um determinado indivíduo pode ter certeza de que era Deus (tal como Paulo no caminho de Damasco), outros que ouviram o seu relato não poderiam ter tanta certeza. Um dos principais problemas enfrentados por argumentos como os de Plantinga e Alston é que eles carecem de aspectos específicos em suas descrições reais das experiências religiosas, que poderiam nos ajudar a responder algumas dessas perguntas. Sem uma descrição detalhada, temos dificuldade de ver se há ou não uma inferência envolvida. Uma forma de contornar essa dificuldade poderia ser se as experiências religiosas do tipo não inferido do qual fala Plantinga fossem muito comuns em nossas vidas. Se muitas pessoas pudessem reconhecer as experiências a que ele se refere, talvez pudéssemos confirmar o argumento dele por meio de nossas *próprias* experiências. Mas essas experiências não parecem ser comuns, e há uma preocupação de que aqueles que afirmam que as tiveram as tenham tido por estar previamente comprometidos com a visão religiosa de mundo. É aqui que a semelhança entre experiências perceptivas comuns e experiências religiosas é mais problemática. Afinal, Plantinga não está falando de experiências místicas, não nos esqueçamos, e sim de experiências religiosas bastante comuns, de modo que suas características e descrições devem ser facilmente reconhecíveis para a maioria das pessoas.

Plantinga e seus seguidores podem responder que essas experiências *estão* disponíveis a muitas pessoas, até mesmo aos céticos, se eles se abrirem a isso. Pode-se comparar a receptividade a experiências religiosas com a receptividade à boa música. A pessoa pode ser insensível às belezas da música por muitas razões: falta de interesse geral em música, negação da sensibilidade estética, más experiências em aulas de música na escola, distração por causa de outros fatores culturais e assim por diante. Da mesma forma, pode-se ser "surdo" para todo o campo das experiências religiosas disponíveis no nosso universo, mais uma vez, por várias razões: ter-se desligado da religião quando criança, disposições gerais em relação à religião, supressão de ideias religiosas, distração com coisas mais mundanas. Alguém nessa condição pode não ser facilmente capaz de ter experiências religiosas, pode não reconhecer a possibilidade e o valor delas, pode ser completamente surdo a elas; mesmo assim, como acontece com a música, as experiências religiosas podem ser reais, valiosas, e uma reflexão precisa de um certo tipo de relação humana com a Realidade Última.

JOHN HICK SOBRE A EXPERIÊNCIA RELIGIOSA

John Hick também fez um trabalho muito interessante na área da experiência religiosa.[11] Hick argumenta a partir do ponto de vista de que o universo é "religiosamente ambíguo", querendo dizer que não há evidências realmente suficientes para decidir de uma maneira ou outra sobre a questão da existência de Deus. As evidências são iguais para ambos os lados; há algumas em favor da crença em Deus, mas também há outras características do universo que parecem indicar que Deus não existe. Isso fazia parte da intenção de Deus, de acordo com Hick, como observamos no capítulo anterior. Deus intencionalmente estabeleceu uma distância "epistêmica" entre os seres humanos e ele próprio, de modo que as pessoas podem escolher livremente aceitar a realidade e o amor a ele com o tempo, em vez de ser coagidas a acreditar nele imediatamente ou ter sido criadas inicialmente como seres moralmente perfeitos. Muitos teólogos naturais discordam de Hick nesse aspecto, mas ele adota esse ponto de partida para propor um novo pensamento sobre diversos temas da teologia e da filosofia da religião, incluindo a natureza da experiência religiosa, a nossa principal preocupação aqui.

Antes de examinarmos a visão de Hick, é importante ressaltar que ele foi muito influenciado em seu trabalho pela teoria epistemológica do filósofo alemão Immanuel Kant. Kant defendia uma distinção entre o mundo em si, que ele chamou de o mundo numênico, e o mundo como aparece para nós, o mundo fenomênico. O mundo fenomênico, o mundo das aparências, é o único que os seres humanos podem conhecer. Kant propôs uma visão altamente complexa, detalhada e bastante especulativa de como a mente humana contribui para o ato de conhecer. A mente não "cria" o mundo para Kant; o mundo existe independentemente de nós, mas o mundo que conhecemos no conhecimento humano é consideravelmente *modificado*, ou construído, pela mente humana. Hick desenvolveu uma abordagem kantiana à religião. Ele afirma que as experiências religiosas das pessoas nas várias tradições religiosas são verídicas (contanto que consigam responder a certos testes). Isso significa que as experiências de cristãos, muçulmanos, judeus, budistas e hindus representam o real (o numênico) à sua própria maneira, e as diferenças aparentes podem ser identificadas com o contexto social – incluindo a participação em uma grande religião – que ajudou a dar origem à experiência. Esse contexto social – um pouco como os fenômenos de Kant – ajuda a explicar a diversidade das experiências religiosas. Essas experiências descrevem o mundo fenomênico, como ele é vivenciado dentro de uma determinada religião; na verdade, todas as religiões do mundo são tentativas individuais, mas insuficientes, de descrever o mundo numênico. Essa abordagem kantiana é uma maneira de contornar o problema da diversidade religiosa, e é mais precisa, acredita Hick, do que concluir que todas as experiências religiosas são delírios ou que as experiências de uma tradição são mais precisas ou mais corretas do que as de outras. Muitas experiências religiosas têm semelhanças subjacentes, ele afirma, e é o ponto de vista histórico e cultural do crente que dá origem ao aparecimento de conflitos entre as diversas experiências.

Nesse contexto, Hick argumenta que, se uma pessoa tem uma experiência religiosa, é razoável que ela faça a inferência de que Deus existe com base na experiência; além disso, os filósofos em geral podem concluir, com base no número de relatos dessas experiências, que Deus provavelmente existe. Ele deixa em aberto a questão sobre *Deus* ser realmente a causa da experiência ou não. Em vez disso, aborda o assunto do ponto de vista da pergunta: seria racional para uma pessoa acreditar na existência de Deus, com base em uma experiência religiosa? Hick reconhece que – do ponto de vista da pergunta objetiva sobre se Deus existe ou não – não sabemos se Deus realmente é a causa da experiência religiosa. Mas, olhando a questão do ponto de vista da pessoa que tem a experiência religiosa, ele pergunta: é racional que essa pessoa acredite em Deus com base em sua experiência? Em segundo lugar, seria racional para mim acreditar em Deus com base em um relato da pessoa A sobre a sua experiência? A visão de Hick difere da de Plantinga, porque o primeiro não nega que haja uma inferência envolvida na experiência religiosa, mas, ainda assim, quer se concentrar em saber se é racional ou justificado para o crente religioso fazer a inferência, e não tanto se a inferência é realmente verdadeira.

Hick tem dado especial atenção ao problema que a visão de Plantinga negligencia: como se pode julgar se um crente religioso está equivocado ao fazer a inferência sobre a existência de Deus, sobre se a inferência da existência de Deus é justificada. Inicialmente, ele argumenta que as crenças religiosas muitas vezes surgem de uma reação natural da mente humana às suas experiências. Esse é o mesmo argumento de muitos pensadores religiosos, incluindo Rudolf Otto, de que os seres humanos reagem naturalmente de forma religiosa à vida e ao universo, que o universo sempre nos empurra na direção do transcendente. A questão é: quando você tem uma experiência religiosa desse tipo – que Nelson Pike chama de experiência com a estrutura sujeito/objeto[12] –, quais considerações podem levá-lo a acreditar que Deus é a melhor explicação para a experiência?

Hick recorre a um princípio proposto por Richard Swinburne, chamado de "princípio de credulidade". Swinburne argumentou que, se um ser humano tem um determinado tipo de experiência em circunstâncias cotidianas normais, deve confiar nessa experiência.[13] É o que fazemos com experiências perceptivas comuns, e o mesmo se deve fazer com as experiências religiosas, a menos que, como acontece com experiências perceptivas, haja alguma razão especial para não confiar nelas. Hick concorda e propõe três tipos de teste que podem ser usados para avaliar uma experiência. Primeiro, devemos confiar nela, se não houver considerações em contrário à nossa experiência. Segundo, devemos confiar em nossa experiência se ela for *coerente* com o resto de nossas experiências e conhecimentos e não for contra o nosso atual conjunto de crenças. Um terceiro teste possível de uma experiência religiosa, em particular, poderia ser verificar se ela faz diferença na forma como se vive a vida. Para ilustrar com um exemplo, suponhamos que você tenha tido a experiência de viver na presença de Deus, uma experiência que Hick acredita ser bastante comum. Ele não acredita que esta seja uma espécie vaga de experiência à qual algumas pessoas simplesmente dão uma interpretação religiosa; ele argumenta que essas experiências geralmente são mais específicas e podem envolver a sensação de que alguém está cuidando de nós, por exemplo, que Deus criou o universo ou que a vida é uma dádiva.

Suponhamos que alguém tenha tido a experiência de viver na presença de Deus ou de que a vida é uma dádiva (o que implica que alguém tenha dado a dádiva). A primeira das condições de Hick não se cumpriria se a pessoa tivesse acabado de beber muito! Isso ocorre porque a experiência pode ter sido resultado da bebida, e não por ser uma verdadeira experiência religiosa, e a segunda condição pode não se cumprir se nos for revelado na experiência que devemos fazer algo imoral, porque isso não seria compatível com o corpo de conhecimento moral que construímos. Se as duas condições *forem* cumpridas, Hick acredita que devemos confiar em nossas experiências. Ele diz, por exemplo, que as várias experiências religiosas relatadas pelos santos "evocam um eco confirmador em nossa própria experiência", e, portanto, temos alguma base para confiar em nossas próprias experiências, porque, em certa medida, vemos nelas um reflexo das intenções dos santos. Isso é paralelo ao argumento de Plantinga de que as experiências religiosas do tipo básico são bastante comuns e fazem parte do tecido do universo (como Otto também sustentava).

Muitos filósofos acreditam que o princípio de credulidade é um princípio razoável, mas, obviamente, exige que tenhamos cuidado para manter um olhar crítico com relação a possíveis considerações em contrário. A maioria dos crentes religiosos não terá nenhuma dificuldade em fazer isso, e Hick está dizendo que, se eles têm uma experiência religiosa, por que ela não poderia lhes servir como evidência de que a crença em Deus é racional, e talvez não só a eles, mas também a outros que os conheçam bem e confiem neles? Outro teste possível da experiência poderia ser se tivéssemos evidências independentes confirmando que Deus provavelmente existe, digamos, em relação a outros argumentos da teologia natural. Isso significa que, já que temos boas razões para acreditar em Deus, podemos estar mais inclinados a levar a sério uma experiência religiosa.

Outro problema enfrentado pelo argumento da experiência religiosa em geral é a diversidade das descrições de experiências religiosas em diferentes tradições. Embora também haja muitas semelhanças nas descrições, encontra-se o problema de que o Ser Supremo que se afirma ter experimentado é descrito de maneira diferente em diferentes religiões. Esse parece ser um problema sério, pois, como pode o Ser Supremo ter todas essas diferentes propriedades, características e reações, por vezes contraditórias? Por exemplo, um cristão pode descrever um relacionamento pessoal com Deus, enquanto um hindu pode descrever uma experiência de absorção e unidade com a Realidade Última. Pode-se responder a essa dificuldade simplesmente fazendo a afirmação lógica de que só porque temos essas descrições diferentes não significa que todas estejam erradas. Algumas podem ser verdadeiras, outras não. Talvez, nessa discussão geral, fosse preciso levar em conta uma visão religiosa de mundo como um todo para nos ajudar a descobrir se uma experiência *específica* foi racional ou não. Também devemos observar que, dado o contexto subjetivo de cada crente, tendem a ocorrer algumas variações nas descrições, mesmo que eles estejam experimentando o mesmo Deus, assim como muitas vezes há descrições *perceptivas* conflitantes do mesmo evento.

Outra resposta a esse problema é a abordagem kantiana de Hick. Ele argumenta que a experiência religiosa, embora constitua a nossa consciência humana de uma realidade divina transcendente, assume um grande número de formas nas diferentes tradições históricas. Não é uma consciência pura e não distorcida do divino, tampouco é simplesmente uma projeção humana, e sim a gama de diferentes maneiras em que a realidade divina infinita tem sido realmente apreendida por seres humanos finitos e imperfeitos em várias religiões. Assim, embora possa haver conflitos nas descrições de experiências religiosas, elas ainda são precisas em um sentido importante, porque captam algo verdadeiro e real sobre o divino, embora devamos reconhecer que são parcialmente distorcidas pelo processo de sua expressão cultural e social dentro de um determinado contexto (isto é, dentro de uma religião em particular).

Apesar dos atrativos, a visão de Hick enfrenta uma série de problemas e, de um ponto de vista, é bastante radical. Para aceitar a sua visão, seria necessário, em primeiro lugar, estabelecer um compromisso com uma abordagem antirrealista kantiana do conhecimento, aceitar a tese de que a mente constrói a realidade de uma forma que tem implicações significativas para todas as afirmações de conhecimento (não apenas aquelas relacionadas à crença religiosa). Muitos consideram essa abordagem epistemológica muito problemática, porque parece contradizer a nossa experiência comum; outros consideram perigosas as suas implicações relativistas (mas é preciso dizer que outros podem considerar atraente a abordagem relativista). Em segundo lugar, já foi sugerido que a ideia de que só podemos ter um conhecimento limitado do real é, em si mesma, ininteligível, porque para estabelecer qualquer diferença significativa entre os fenômenos e o númeno, teríamos de conhecer o númeno, bem como os fenômenos. Terceiro, uma consequência da visão de Hick é que as principais religiões do mundo teriam que aceitar que suas principais afirmações doutrinárias não são realmente verdadeiras, mas simplesmente "perspectivas" sobre o Real; essas perspectivas teriam de ser entendidas mais em um sentido metafórico do que literal. Para os cristãos, isso significaria que eles teriam que desistir de suas crenças sobre a Encarnação, a natureza de Deus e como a salvação pode ser alcançada, e até mesmo sobre o que ela significa – isso porque, se a explicação cristã desses fenômenos religiosos for verdadeira, as outras religiões que discordam da cristã (ou mesmo a contradizem) logicamente não podem ser verdadeiras. Porém, é exatamente esse tipo de julgamento objetivo que Hick diz que não podemos fazer. Mas aceitar esse tipo de relativismo religioso é radical demais para a maioria dos crentes religiosos em todas as tradições. E, por fim, alguns argumentaram que Hick *assume* uma paridade essencial entre todas as grandes religiões do mundo, algo que ele não exemplificou; além disso, mesmo que pudesse estabelecer essa afirmação, não se concluiria que algumas religiões não estão equivocadas sobre muitas coisas. Teremos oportunidade de examinar a visão de Hick sobre essas questões de forma mais completa em nossa discussão sobre pluralismo religioso, no último capítulo.

7
Religião e ciência

A relação entre religião e ciência tornou-se cada vez mais importante no mundo moderno, não apenas por causa da consciência renovada dos conflitos históricos entre ambas, mas também, como observado nos capítulos anteriores, porque várias disciplinas científicas estão se tornando cada vez mais relevantes para o estudo de questões normalmente deixadas à religião. Trabalhos recentes em áreas como astronomia, astrofísica (o estudo da composição física dos corpos celestes), evolução, genética e neurologia começaram a tocar nas questões fundamentais da vida de maneiras fascinantes e desafiadoras. A disciplina de astronomia é obviamente relevante para questões relacionadas à natureza e ao propósito do universo. A teoria da evolução nos apresenta enigmas interessantes sobre a origem e o desenvolvimento da espécie e principalmente sobre o lugar da nossa própria espécie, o *Homo sapiens*, no esquema geral das coisas. O projeto genoma humano e a possibilidade de manipulação e engenharia genéticas de espécies apenas tornam essas questões ainda mais urgentes. Trabalhos recentes em neurologia são relevantes para responder se a consciência é essencialmente física ou não física, o que também levanta questões sobre a existência da alma e se as ações humanas são verdadeiramente livres ou causalmente determinadas. É por causa desses e outros assuntos relacionados que nenhum estudo filosófico da religião hoje pode ser completo sem levar em consideração a relação entre religião e ciência.

Provavelmente se pode dizer que o atual entendimento popular (a sabedoria convencional) sobre a relação entre religião e ciência é que elas sempre tiveram uma relação difícil, e estão, basicamente, em conflito. Essa percepção se baseia parcialmente na notoriedade de várias controvérsias históricas que tenderam a gerar conflito entre os dois campos.

Entre os exemplos, estão o caso Galileu no século XVII e, em nosso próprio tempo, a controvérsia sobre o criacionismo e a evolução. Esta última disputa ajudou a manter vivo o modelo "religião *versus* ciência" e definiu a maneira como muitas pessoas abordam o assunto e refletem sobre ele. Mas é importante observar que a religião e a ciência têm-se relacionado bastante bem ao longo da história e que os conflitos entre elas surgiram apenas ocasionalmente. Os primeiros filósofos, os primeiros pensadores gregos conhecidos como pré-socráticos (séculos VII-IV a.C.), por exemplo, abordavam o seu estudo da realidade de uma perspectiva tanto religiosa quanto científica. Eles estavam interessados em explicar coisas como a ordem no universo, a composição da matéria e a base da mudança. Filósofos como Anaximandro, Pitágoras, Heráclito, Parmênides e Demócrito abordaram essas questões não apenas usando distinções e categorias filosóficas, mas também pela aplicação do método científico, até onde isso era possível no tempo deles. E não há dúvida de que as especulações e descobertas desses filósofos foram bastante profundas.

Houve muitos outros momentos na história em que a visão de mundo religiosa, principalmente a visão cristã, adotou a ciência com grande receptividade e benefício. Richard Blackwell apontou o exemplo da síntese entre a ciência aristotélica clássica e a teologia cristã produzida por São Tomás de Aquino. Ele também observa que a ciência tem-se beneficiado enormemente ao derivar alguns de seus conceitos básicos de fontes religiosas. No século XVII, por exemplo, a convicção medieval de que o universo é um lugar fundamentalmente racional deu à ciência moderna a sua autoconfiança inicial, e as leis da conservação em física foram sugeridas originalmente pelo princípio teológico da conservação divina da mesma quantidade de matéria e movimento no universo.[1]

Um grande pensador cristão preocupado com a relação entre religião e ciência foi Santo Agostinho, como observa Blackwell. Santo Agostinho se debateu por muitos anos com a questão de como o livro do Gênesis, principalmente o relato da criação, deve ser interpretado. Ele observou que tanto a ciência quanto a religião fazem afirmações sobre a realidade com pretensões de verdade e que às vezes essas afirmações não parecem estar de acordo. Então, o que se deve fazer quando isso acontece? Como observado no capítulo anterior, Agostinho era um forte defensor do princípio de que "toda a verdade é uma só", de que, como toda a verdade deriva de Deus, o que quer que seja verdadeiro em uma disciplina deve, logicamente, ser verdadeiro em qualquer outra. Segundo Santo Agostinho, isso nos leva a perceber que, no fim das contas, ciência e religião não podem estar em conflito. Ele também aceita a visão de que a ciência como disciplina pode alcançar a verdade sobre o universo físico. Daí resulta que, se uma verdade científica entra em conflito com uma verdade bíblica, uma delas terá que ser revista. Ele propôs que, se estamos seguros de que a afirmação ou teoria científica é verdadeira, a afirmação bíblica deve ser revista. Embora tenha sido aceita em termos gerais em muitas religiões, essa abordagem ainda é controversa, principalmente no debate entre criacionismo e evolução, que veremos em detalhes mais tarde.

No entanto, essas reflexões levaram Santo Agostinho à seguinte pergunta: o que devemos fazer se uma afirmação científica contradiz uma afirmação bíblica, mas a primeira fica aquém da certeza? Suponha-se, como acontece com frequência, que seja proposta uma teoria científica para explicar um determinado fenômeno, mas que as evidências da teoria sejam sugestivas, e não conclusivas? Nessa situação, Agostinho aconselhava que as nossas crenças religiosas deveriam ter preferência em relação à hipótese científica. Porém, essa abordagem pode causar um problema para o moderno debate ciência/religião, pois os cientistas e, certamente, muitos filósofos da ciência de hoje gostam de apontar que a ciência raramente ou nunca alcança a certeza absoluta sobre qualquer coisa. O melhor que ela pode fazer é propor teorias (que são, por vezes, afirmadas como se fossem fatos) que foram bem confirmadas pelas últimas evidências e recomendar que as aceitemos, até que surja algo melhor. Mas, como as teorias de um século muitas vezes se revelam falsas em um século posterior, isso nos fornece a evidência indutiva de que o mesmo provavelmente irá acontecer com as teorias atuais, não importa o quanto estejamos certos de que elas são verdadeiras. Em suma, alguns argumentam que toda teoria científica tende a ser revista à luz de novas evidências. Essa ambiguidade sobre a verdade científica final costuma ser citada por aqueles que questionam as teorias científicas de hoje, como a da evolução.

No caso de se revisar um relato bíblico, como a história da criação, Santo Agostinho acreditava que *não* estaríamos dizendo que essa história da criação, por exemplo, é falsa. Isso porque, embora os fatos literais da história possam não ser verdadeiros, há uma questão filosófica e teológica mais profunda sendo apontada, que é verdadeira: Deus criou o universo e todas as espécies de acordo com um plano específico, e os seres humanos são a forma mais elevada de espécie. Assim, a história propriamente dita de como Deus criou o universo e a vida é passível de revisão, de acordo com Santo Agostinho, mas a questão mais profunda de que Deus criou o universo e a vida *não* o é. Ele acreditava que os crentes religiosos correm o risco, se não forem flexíveis na interpretação bíblica, de que a ciência prove que estão errados. Isso, como aponta Blackwell, foi exatamente o que aconteceu no caso de Galileu.

O CASO GALILEU

O potencial de conflito entre religião e ciência se tornou evidente no famoso episódio que ficou conhecido como caso Galileu. Por volta do ano de 1600, o astrônomo italiano Galileu Galilei se convenceu de que a teoria de Copérnico sobre o movimento planetário (que também havia sido proposta por alguns dos antigos astrônomos gregos) estava correta. Essa teoria (conhecida como a teoria heliocêntrica) sustentava que a Terra girava em torno do Sol e que o Sol era o centro do universo (portanto, a teoria geocêntrica, proposta por Ptolomeu no século II, estava errada). Embora existisse há muito tempo e tivesse gerado debate entre os astrônomos, o heliocentrismo tinha pouca influência no resto do mundo. Como observa Blackwell, "a virada veio em 1610, época em que Galileu tinha construído o seu telescópio, que ele usou pela primeira vez para observar os céus".[2] Entre as observações registradas por Galileu estavam as montanhas e vales da Lua, quatro das luas de Júpiter, as manchas solares e as fases de Vênus. Aos poucos, ele passou a acreditar na visão de que a Terra girava em torno do Sol, mas sabia que não tinha provas conclusivas. É bastante irônico que grande parte das provas de Galileu para a teoria heliocêntrica acabou por estar errada (por exemplo, ele alegava que as marés eram causadas pelo movimento da Terra, quando, na realidade, a atração gravitacional da Lua e do Sol é que as causa).

Como todo mundo sabe, as visões de Galileu colocaram-no em conflito com as autoridades da Igreja Católica. Além de ser uma afronta ao senso comum, a teoria heliocêntrica parecia contradizer passagens bíblicas, que indicavam que a Terra estava em repouso no centro do universo e que o Sol gira em torno dela, de leste a oeste. Passagens frequentemente citadas para criticar os pontos de vista de Galileu eram Josué 10. 12-14 e Salmo 19. 4-6, que sugerem que o Sol está em movimento. Como observa Blackwell, toda a discussão e a controvérsia subsequentes tornaram-se ainda mais intensas pelo fato de terem ocorrido logo após a Reforma, quando a Igreja Católica estava especialmente sensível, não apenas sobre questões relativas à interpretação das Escrituras, mas também sobre quem tem autoridade final sobre esse assunto. Essa tinha sido uma das principais polêmicas durante a Reforma, com os reformadores protestantes argumentando que os indivíduos poderiam interpretar a Bíblia por conta própria e não precisavam do papa nem dos bispos como intermediários. No Concílio de Trento, em 1546, a Igreja Católica declarou que o papa e os bispos tinham a palavra final em temas de fé e moral, que incluíam questões de interpretação bíblica.

Isso fez Galileu ser levado a julgamento pela Igreja em 1616. Ele tentou defender a visão heliocêntrica, recorrendo aos escritos de Santo Agostinho e à distinção entre usos literais e metafóricos da linguagem bíblica. Infelizmente, a teoria de Copérnico ocupava o meio-termo na interpretação de Santo Agostinho; não era garantida. As evidências científicas contemporâneas da teoria heliocêntrica levaram o Cardeal Bellarmino, o cardeal do Vaticano que tratava do assunto, a concluir que a visão heliocêntrica ainda era apenas uma teoria. Ele exigiu que Galileu apresentasse o heliocentrismo como uma teoria, não como fato. Mas, enquanto isso, a Congregação Vaticana do Santo Ofício declarou oficialmente que a visão heliocêntrica era falsa por ser contrária às Escrituras, e o Papa Paulo V aceitou essa recomendação. (Em 1992, em um discurso à Academia Pontifícia de Ciências, o Papa João Paulo II admitiu que esses teólogos tinham cometido o erro de pensar que a estrutura do mundo físico deveria ser decidida por uma leitura literal de certas passagens das Escrituras.)

Depois disso, nada aconteceu por 17 anos. Galileu foi fazer o seu trabalho como cientista e manteve-se fora de perigo, mas, em 1631, publicou a sua famosa obra *Diálogo sobre os dois principais sistemas do mundo*, que causou grande celeuma. O livro consistia em um diálogo sobre os méritos da teoria heliocêntrica contra a teoria de Ptolomeu, com o argumento favorecendo claramente a primeira. Alguns dos argumentos mais frágeis foram colocados na boca de um personagem chamado Simplício, que representava o ponto de vista papal. Isso levou a um novo julgamento em 1633, não sobre qual teoria era verdadeira, mas sobre se Galileu havia violado a determinação anterior de não promover a teoria heliocêntrica. Nesse momento, o novo papa, Urbano VIII, sofria pressões de dentro do Vaticano para mostrar que estava lidando com a dissidência de forma eficaz. Essa realidade política contribuiu para que a Igreja assumisse uma linha dura com relação a Galileu (um exemplo de como questões políticas e sociais costumam ser confundidas com questões religiosas). Ele foi considerado culpado e condenado à prisão domiciliar pelo resto da vida.

Por vários motivos, vale a pena relembrar a história do caso Galileu para uma nova geração de estudantes de filosofia da religião. Em primeiro lugar, há muitos mitos sobre o assunto, e é sempre importante expor os fatos com clareza para que se saiba o que realmente aconteceu. Segundo, o caso foi muito destrutivo para o relacionamento da Igreja com a ciência, pelo menos aos olhos de secularistas, naturalistas e de quem é hostil à religião, e é um daqueles incidentes históricos que mais contribuíram para a visão de que a religião e a ciência são inerentemente contraditórias. O caso Galileu é mais citado, por exemplo, por aqueles que querem mostrar que a religião e a ciência não podem trabalhar juntas. Terceiro, é um incidente no qual a Igreja Católica (e várias outras) aprendeu muito. Posteriormente, a Igreja Católica se posicionou favorável à ciência em termos gerais e relutou em provocar mais controvérsias com cientistas ou suas teorias. Isso explica por que a sua reação à teoria da evolução foi muito diferente: não queria cometer o mesmo erro duas vezes. Em quarto lugar, o princípio para lidar com os conflitos aparentes entre ciência e religião, sugerido por Santo Agostinho, foi adotado por muitos crentes religiosos como uma boa forma de permitir que a ciência e a religião trabalhassem em conjunto – embora os detalhes de como Deus teria criado o universo poderiam ser discutidos, as verdades subjacentes eram o que realmente importava. Essa seria uma forma essencial de abordar ciência e religião na era moderna.

Infelizmente, o "modelo de conflito", como é chamado às vezes, da relação entre religião e ciência costuma ser o primeiro de que as pessoas se lembram quando pensam sobre essa relação hoje. De fato, enquanto a Igreja Católica foi muito desgastada pelo caso Galileu, em termos gerais, as igrejas protestantes continuaram a ocupar uma posição mais hostil em relação a qualquer teoria que entrasse em conflito com as Escrituras. Como davam muito mais ênfase a uma leitura literal da Bíblia e à confiabilidade geral das Escrituras, as denominações protestantes relutavam muito em permitir que qualquer teoria científica questionasse os textos bíblicos. Essa abordagem também levou a um ataque generalizado à filosofia e à ciência de parte de alguns pensadores protestantes, incluindo Martinho Lutero. Retornaremos à crítica protestante da teoria da evolução mais adiante neste capítulo.

No entanto, mesmo que o cristianismo tenha tido muitas vezes uma relação difícil com a ciência, há alguns pensadores que argumentam que, na verdade, foi o domínio do cristianismo que possibilitou a ascensão da ciência. Stanley Jaki afirma que há uma razão para a ciência ter-se desenvolvido e florescido no Ocidente e não no Oriente: o domínio de uma cultura cristã.[3] De acordo com Jaki, a cultura cristã sustentava ideias receptivas à ciência: os seres humanos são criaturas racionais criadas à imagem de Deus, o universo é inteligível, a natureza é valiosa (as religiões orientais muitas vezes tinham uma visão negativa da natureza), a busca da verdade é importante, a visão de que toda verdade é uma só e assim por diante. Jaki acredita que essas ideias tiveram um papel importante no desenvolvimento da ciência, principalmente quando levamos em conta que, durante a maior parte da história, a grande maioria dos principais cientistas era de cristãos que se consideravam estudando a obra de Deus na natureza e que frequentemente argumentavam que os intrincados mecanismos da natureza, sobre os quais eles estavam continuamente aprendendo, eram prova da existência de Deus. Essa opinião foi sustentada por cientistas pioneiros, como Kepler, Galileu, Boyle e Newton, entre muitos outros.

O argumento de Jaki, bem como o trabalho e as opiniões desses cientistas, levam-nos a considerar a relação interessante que existe hoje entre ateísmo e ciência e a examinar mais de perto a percepção generalizada de que a ciência moderna é, quase por definição, ateia.

ATEÍSMO, NATURALISMO E CIÊNCIA

É muito comum confundir ciência e naturalismo, mas, para evitar criar uma confusão bastante grave no que já é um assunto complexo, é fundamental que mantenhamos essas posições claramente diferenciadas. Em primeiro lugar, uma palavra sobre o secularismo. Na Introdução, defini secularismo como a visão de que tudo o que existe é de natureza física, consistindo em alguma configuração de matéria e energia. Por ser o meio para o estudo do campo da física, nessa visão de mundo, a ciência se torna o método central para tentar entender e explicar toda a realidade. Essa visão também é conhecida em círculos filosóficos contemporâneos como naturalismo (ou, menos comumente, como ateísmo filosófico). Alguns naturalistas contemporâneos bem conhecidos são Francis Crick (cuja fama está relacionada ao DNA), os falecidos Carl Sagan e Stephen J. Gould, Steven Weinberg e Richard Dawkins.[4] Também observei que o secularista tenta oferecer explicações secularistas da moralidade e da política.

A fim de esclarecer ainda mais esses pontos de vista, podemos dizer que essa parte do secularismo que lida com questões relativas à origem e à natureza do universo (e, assim, que enfatizaria o método científico como forma de estudar essas perguntas) é mais bem descrita como naturalismo, e a parte que lida com a moral e a política (e que não teria muito apelo à ciência) é o que costumava ser conhecido como humanismo secular. Mais ou menos na última geração, o naturalismo e o humanismo secular têm convergido para representar uma nova visão de mundo alternativa à visão religiosa, e eu acho que essa nova visão é mais bem descrita pelo termo secularismo. O desenvolvimento e a defesa dessa visão de mundo, à medida que vários proponentes formulam os seus detalhes e argumentos sobre todos os temas com que as visões de mundo devem se preocupar, é um projeto em andamento. É por isso que é correto descrever o secularismo como uma visão de mundo *positiva* atualmente, no sentido de que não começa dizendo que Deus não existe, e sim fazendo afirmações positivas sobre a realidade (como a de que toda a realidade é física, que podemos ter uma explicação secularista da moralidade, e assim por diante), e as visões de que Deus, a alma e a vida após a morte não existem são consequências dessas afirmações. (Como o que segue trata principalmente de questões relacionadas à origem e à natureza do universo, em vez de perguntas sobre moralidade, política e sociedade, usarei o termo naturalismo em vez de secularismo para efeitos da nossa discussão.)

Uma das principais razões para a confusão entre ciência e naturalismo é que os pensadores ateus hoje afirmam os seus pontos de vista em termos positivos, e isso traz consigo uma necessidade de *defender* a posição de forma positiva. Como observado na Introdução, no passado o ateísmo era principalmente uma visão de mundo negativa, mas, ao se deslocar dessa forma negativa de olhar as coisas para uma compreensão mais positiva de si (o que requer um novo nome e uma nova identidade), não será mais adequado do ponto de vista lógico tentar defender declarações ateístas positivas simplesmente *atacando* os argumentos apresentados em favor das crenças religiosas. Portanto, o ateísmo positivo hoje obtém os seus argumentos da ciência, talvez, principalmente, da evolução, mas também da bioquímica, da genética, da astrofísica e assim por diante. E é por isso que existe uma confusão compreensível entre a ciência como disciplina que estuda o mundo físico e o naturalismo como visão de mundo distinta, que muitas vezes recorre à ciência.

No entanto, é importante ter em mente que o naturalismo não deve ser identificado com a ciência. Um naturalista geralmente recorre à ciência para defender seu ponto de vista e, portanto, tem grande fé nela, mas um cientista não é necessariamente naturalista – na verdade, a maioria dos cientistas não o é (o que, em si, é bastante significativo). A maioria dos cientistas não acredita que tudo o que existe seja físico e que a ciência possa explicar tudo, mas, por causa da estreita aliança entre naturalismo e ciência, pode-se ver como essas duas coisas muitas vezes se confundem, principalmente nas mentes do público em geral. Entretanto, temos de perceber que, quando se vai *além* das evidências científicas e se faz uma afirmação sobre a origem maior do universo, sobre a natureza dos seres humanos ou sobre a teoria moral correta, cruza-se a linha da ciência propriamente dita e avança-se à filosofia/religião e à área geral das visões de mundo. Essa é uma linha que os cientistas, *como cientistas*, não devem cruzar; tampouco a ciência como disciplina cruza essa linha. Somente quando os naturalistas apelam à ciência é que existe um perigo muito real de confundir as linhas de demarcação que devem existir entre as duas e que também existem entre ciência e *qualquer* visão de mundo, seja religiosa ou secular. Essas questões, obviamente, têm implicações para a controvérsia contemporânea em torno do tema da evolução e da religião.

A TEORIA DA EVOLUÇÃO

Para melhor entender a relação contemporânea entre religião e ciência, é necessário apresentar uma visão geral da teoria da evolução. Essa é uma das teorias científicas mais importantes de todos os tempos, e qualquer pessoa que esteja preocupada com a justificação filosófica de sua visão de mundo precisa ter uma ideia das principais afirmações dessa teoria.[5] Podemos abordá-la fazendo três perguntas:

1. Quais afirmações a teoria faz?
2. Quais são as evidências para sustentar essas afirmações?
3. Quais são as implicações dessas afirmações para a religião, a ética e o debate entre religião e naturalismo?

Tratemos da primeira dessas perguntas.

A teoria foi proposta por Charles Darwin, biólogo inglês, em seu livro *A origem das espécies* (publicado pela primeira vez em 1859). As pesquisas que deram origem ao livro foram realizadas em várias viagens que Darwin fez a diversas partes do mundo durante um período de cinco anos, no

HMS *Beagle*, incluindo uma visita às ilhas Galápagos em 1835 (que ficam a mil quilômetros da costa do Equador). O livro se destinava a apresentar um relato de como surgiram as várias espécies que vemos na natureza, incluindo seres humanos, animais, insetos e até plantas. Darwin não estava tão interessado no que chamamos de pergunta maior sobre como elas surgiram, e sim na pergunta mais localizada de como surgiram na natureza, quando isso aconteceu, como adquiriram as características físicas e a estrutura que têm (embora não fosse ser fácil separar essa pergunta localizada da pergunta maior, como veremos). Antes de Darwin, não havia resposta aceita a essas perguntas, e muitos cientistas acreditavam que as espécies tinham sido criadas como são por Deus, uma visão que era coerente com a Bíblia e com a física de Aristóteles. As pesquisas de Darwin levaram-no a duvidar dessa visão e a propor outra, que passou a ser conhecida como teoria da evolução.

Talvez a melhor maneira de abordar as principais afirmações da teoria de Darwin seja trabalhar com um exemplo, como forma de ilustrar os principais conceitos teóricos de sua teoria. Podemos preencher outros detalhes importantes ao longo do caminho. Tomemos o exemplo de uma espécie de inseto, o pulgão-verde. (Essa espécie geralmente é definida como um grupo que cruza entre si, mas que não reproduz com qualquer outro grupo; portanto, uma espécie é um grupo que é "reprodutivamente isolado".) O hábitat do pulgão-verde apresenta uma característica que muitos hábitats, após uma inspeção cuidadosa, também têm: parece perfeitamente projetado para um pulgão viver e desenvolver-se. No Capítulo 2, em nossa discussão sobre o argumento do desígnio, vimos que Paley estava muito focado nessa questão sobre a natureza. Darwin propôs, no entanto, que a adequação do hábitat às espécies que vivem nele não é evidência de desígnio na natureza, mas poderia ser explicada de forma naturalista, recorrendo aos processos de seleção natural, adaptação da espécie, sobrevivência do mais apto e assim por diante.

A ideia básica é que (para continuar com o exemplo do pulgão) milhões de anos atrás havia muitos *tipos* diferentes do que hoje chamamos de pulgão, e eles tinham características diferentes dos pulgões-verdes de hoje. (Nem todos eram verdes, por exemplo.) Eles também podem ter outras variações, tais como estruturas do corpo ligeiramente diferentes, medidas de asa diferentes e assim por diante. A teoria da evolução diz que, ao longo de milhões de anos, os pulgões que tinham uma vantagem sobre outros tipos na mesma classe geral – que eram mais aptos – sobreviveram, e os que não tinham essa vantagem não sobreviveram. Por exemplo, a cor dos pulgões pode, nesse caso específico, ter dado a alguns tipos de pulgão uma vantagem distinta na batalha para a sobrevivência. Os pulgões-verdes estariam mais bem camuflados na folhagem verde, de modo que os predadores caçavam os pulgões pretos, vermelhos e amarelos, que eram mais fáceis de ver. Talvez os de asas maiores tenham conseguido escapar mais facilmente de predadores do que os de asas menores. Havia uma série de outros fatores envolvidos, é claro, mas a ideia é que, após milhões de anos, sobraram apenas os pulgões-*verdes*, com a estrutura corporal, a envergadura de asas e as cores certas para sobreviver nesse hábitat específico. Isso ocorre porque os pulgões-verdes cruzaram e também porque os pais tendem a transmitir a seus filhos as suas características corporais. Então, os pulgões-*verdes* acabaram predominando e, mais tarde, sendo os *únicos* pulgões.

Darwin não afirmou saber como uma determinada espécie obteve as suas características específicas, por exemplo, por que uma espécie de pulgão era preta, verde ou azul e tinha asas desse ou daquele tamanho. Essas características ocorrem por meio do que agora descrevemos como mutações aleatórias (alterações na estrutura do DNA) nos genes da espécie, as quais podem ser provocadas por quaisquer fatores, incluindo a estrutura genética dos pais e o ambiente em que as espécies vivem. Mas o que importa para a teoria dele é que esses fatores afetam a estrutura das espécies, são passados para a prole e afetam a luta pela sobrevivência na natureza. Todo esse processo é chamado de seleção natural – a ideia de que o processo de evolução favorece as formas de vida e subespécies mais capazes de lidar com seus ambientes específicos. Aqueles que são "mais aptos" sobrevivem melhor, mas observe que "mais apto" não significa necessariamente mais saudável nem mais forte; significa apenas que uma determinada espécie tem uma característica que lhe permite sobreviver melhor do que outras espécies semelhantes no mesmo ambiente. Assim, embora pareça que o pulgão-verde e seu hábitat foram perfeitamente projetados um para o outro, isso não aconteceu, e a situação simplesmente evoluiu dessa maneira ao longo do tempo. Darwin afirmou que esse tipo de história poderia ser contado em relação a todas as espécies existentes. Poderia também explicar por que muitas outras espécies foram extintas: por que (como os pulgões amarelo e preto) elas não foram capazes de sobreviver no ambiente específico em que se encontravam. A mesma história, ele argumentou, poderia ser contada em relação aos seres humanos. Assim como outras espécies, a nossa espécie *Homo sapiens* sobreviveu porque as nossas características específicas nos permitiram sobreviver em nosso meio. Essa visão geral do processo de seleção natural leva aos conceitos de microevolução e macroevolução e à questão de como a vida começou.

Até agora, temos discutido a microevolução ou evolução dentro de uma espécie, como o pulgão-verde, mas existem diferentes variedades de espécies que são semelhantes entre si: por exemplo, variedades diferentes de elefantes, cães e besouros. Os cientistas costumam chamar de gênero um grupo de espécies com parentesco mais próximo do que com outras (como as variedades diferentes de chimpanzé). Quando pensamos sobre o assunto, ele nos leva à questão da macroevolução, ou seja, à questão de saber se as diferentes espécies *dentro do mesmo gênero* também têm parentesco genético. Se o pulgão-verde evoluiu ao longo do tempo na forma descrita e tudo dentro de espécies distintas de pulgão está geneticamente relacionado, surgem duas perguntas: espécies *diferentes* dentro do gênero de pulgões têm parentesco genético, e espécies muito diferentes (em gêneros diferentes), como seres humanos e chimpanzés, podem ter parentesco genético?

A seguir, Darwin propôs uma resposta à pergunta sobre como obtemos espécies substancialmente diferentes, tais como plantas, elefantes, chimpanzés e seres humanos, o que o levou à tese conhecida como macroevolução. Darwin chegou à conclusão de que *todas* as espécies eram geneticamente relacionadas, e a teoria da evolução afirma que todas as atuais evoluíram de ancestrais comuns, desde as primeiras formas de vida, que alguns especulam ter sido organismos unicelulares que apareceram cerca de 4 bilhões de anos atrás. Desenvolveram-se formas de vida gradualmente mais complexas, que são geneticamente relacionadas às mais simples. Essa é a afirmação fundamental da teoria da evolução e a que tem gerado muita controvérsia. A teoria sustenta que todas as formas de vida, incluindo todas as espécies vegetais e animais, *têm parentesco genético*.

O que isso significa na prática é que, em algum momento no passado, tomando o *Homo sapiens* como exemplo, seres humanos e gorilas tiveram um ancestral comum (entre 3 e 5 milhões de anos atrás). Aos poucos, duas linhas distintas de espécies se separaram desse ancestral comum, uma das quais era o *Homo sapiens* (originado há cerca de 2 milhões de anos). O diagrama da história de todo esse processo é chamado de árvore de vida, e começa com uma forma de vida unicelular, segundo a maioria dos biólogos evolutivos (mas alguns dizem que pode ter começado em lugares diferentes, com diversas formas de vida iniciais). Nos dois primeiros bilhões de anos, a vida só existia em organismos microbiais unicelulares, mas ao longo dos próximos bilhões de anos, espécies mais complexas começaram a evoluir, e no último meio bilhão começaram a aparecer muitas de nossas espécies mais complexas, das quais as atuais são descendentes. Milhões delas foram extintas ao longo do caminho. Quanto à última pergunta de como surgiu a primeira forma de vida (ou as primeiras), Darwin e, na verdade, a teoria oficial da evolução não oferecem qualquer resposta. A teoria da evolução tenta explicar o processo de mudança que ocorre quando temos formas de vida e um ambiente, e o que acontece é o que Darwin propôs na teoria da evolução.

AS EVIDÊNCIAS DA EVOLUÇÃO

Devemos agora tratar da questão das evidências da evolução, um tema que tem gerado muita polêmica nas últimas décadas. As histórias mencionadas anteriormente, sobre o pulgão-verde, os chimpanzés e o *Homo sapiens*, são, na maioria, inventadas para ilustrar as principais afirmações da teoria da evolução. Elas não descrevem exemplos de casos conhecidos, reais e pormenorizados de seleção natural em ação que tenham sido totalmente detalhados por biólogos evolutivos. Então, quais são as evidências reais da teoria? Existem três tipos principais de evidência disponíveis. Primeiro, há o registro fóssil. Os fósseis são os restos esqueletais ou traços de espécies, incluindo plantas e animais, que foram preservados em areia e lama ou em outras camadas, às vezes por milhões de anos, e tornaram-se rocha sedimentar. Localizar, estudar e classificar esses restos é uma parte fundamental da coleta de evidências para os paleontólogos. Estudando e classificando os fósseis, o que, obviamente, é um processo contínuo, os paleontólogos acreditam que se pode aprender sobre espécies específicas e como elas viviam. Podem-se também descobrir espécies estreitamente relacionadas que viviam próximas, ao mesmo tempo. Dessa forma, é possível documentar as várias espécies de elefante, por exemplo, e também as semelhanças e diferenças entre elas. A proximidade dos fósseis, os biólogos evolutivos afirmam, tanto em termos de tempo quanto em termos de localização, tornou razoável concluir que as espécies tinham parentesco *genético*. Entre os exemplos citados estão espécies de baleias, elefantes e gorilas, cujas linhagens foram bem documentadas. Desde a época de Darwin, milhares de fósseis foram encontrados e classificados, mostrando evidências de uma série de espécies.

Os críticos da evolução afirmam muitas vezes que, a fim de apoiar a macroevolução, também teriam de ser encontradas muitas espécies de transição (ou formas intermediárias), e que não foi encontrada uma grande quantidade. Uma espécie de transição é a que estaria em algum ponto entre duas espécies muito diferentes (com várias características que posteriormente se separaram em espécies distintas), como o ancestral comum de símios e humanos ou o de peixes e aves, e assim por diante. Os defensores da teoria afirmam, no entanto, que existem muitas dessas espécies de transição e que não pode haver debate sério sobre as evidências da macroevolução.

Uma segunda fonte de sustentação para a evolução vem das evidências de DNA. Trabalhos recentes em genética mostram que existem 95% de semelhanças entre o DNA dos seres humanos e o dos chimpanzés, e 60 a 70% de semelhanças entre o DNA de seres humanos e o dos ratos (na verdade, alguns investigadores argumentaram recentemente que as evidências de DNA mostram que os chimpanzés estão mais próximos do *Homo sapiens* do que dos gorilas e, assim, devem ser do gênero *Homo*, que atualmente contém apenas os seres humanos). Isso sugere, portanto, que essas espécies têm parentesco genético, com base no mesmo princípio que nos permite dizer que dois homens são irmãos ou que um é o pai de outro. Uma terceira fonte de evidências às vezes citada é o fato de que os princípios evolutivos podem ser reproduzidos e, por conseguinte, demonstrados, em um ambiente de laboratório, onde se podem manipular artificialmente as mutações genéticas, o que conduz à criação de espécies alteradas e até mesmo a novas espécies. *Mutatis mutandis*, isso imitaria o funcionamento da evolução no mundo natural.

EVOLUÇÃO, RELIGIÃO E CRIACIONISMO

Uma das razões para a situação controversa da teoria da evolução entre os crentes religiosos é que teístas e ateus consideram que a teoria tem implicações significativas para o debate entre as duas visões de mundo. Tentemos apontar essas implicações, considerando as posições do criacionismo e do desígnio inteligente ao longo do tempo.

O primeiro ponto a ressaltar é que muitos consideram a teoria da evolução como um questionamento à verdade literal da Bíblia, principalmente ao relato da criação apresentado no Gênesis. A história da criação no Gênesis indica que Deus criou todas as espécies intactas, por assim dizer, e não há qualquer indicação de que isso possa ter sido um processo gradual, que envolva a macroevolução, ocorrendo ao longo de muitos bilhões de anos. Se a teoria da evolução é verdadeira, o relato de Gênesis não pode ser literalmente verdadeiro. Esse é obviamente um daqueles casos de que tratava Santo Agostinho, nos quais uma teoria científica parece colidir com a Bíblia. A sua visão, recordamos, era de que, quando isso acontece, devemos reconhecer que a Bíblia não pode ser literalmente verdadeira, mas pode estar usando uma história contada para apresentar um argumento mais profundo, que seja verdadeiro. O argumento mais profundo de que Deus criou o universo e toda a vida não é passível de revisão, mas a nossa compreensão da maneira como Deus fez isso o é. Na verdade, o próprio Santo Agostinho havia proposto (centenas de anos antes da teoria da evolução) que a história da criação no Gênesis provavelmente não deveria ser entendida como literalmente verdadeira, mas o princípio geral que ele apresentou é de que, quando uma teoria científica é estabelecida, devemos reinterpretar o relato bíblico, caso contrário, corremos o risco de fraudar a ciência. É esse o caso aqui? A esmagadora maioria dos cientistas acredita que as evidências da teoria da evolução são muito consistentes, tão consistentes que as suas principais afirmações não podem ser postas em dúvida. As principais denominações católicas, protestantes e judaicas aceitaram essa visão e argumentaram que não há incompatibilidade fundamental entre a ciência e a Bíblia, desde que reconheçamos que, principalmente na narrativa da criação, a Bíblia está usando uma história para apresentar questões filosóficas mais profundas.

Os defensores da visão conhecida como criacionismo, ou Ciência da Criação, discordam. O criacionismo é a visão de que, em geral, a Bíblia deve ser considerada como a palavra literal de Deus, e, portanto, a existência do mundo e, principalmente, das várias formas de vida, surgiu como se descreve no Gênesis. Os criacionistas argumentam que essa é a abordagem mais razoável à interpretação bíblica. E, como a história da criação é literalmente verdadeira, qualquer explicação científica da origem das espécies que seja diferente da história bíblica, como a evolução, não pode ser verdadeira. Os criacionistas defendem esse ponto de vista no que poderíamos chamar de uma forma positiva e também de uma forma negativa. A abordagem positiva enfatiza a questão de que, para os cristãos que consideram a Bíblia confiável, como sendo a palavra de Deus, é mais razoável pensar que, em geral, ela deve ser lida de forma literal, porque

Deus não quis revelar características centrais de suas ações e a sua mensagem em metáforas ou histórias, considerando-se o risco de que fossem mal interpretadas. Os criacionistas não esperam que esse argumento convença os ateus, embora o considerem bom para ser apresentado a outros crentes religiosos que aceitam a Bíblia, mas preferem uma abordagem mais metafórica à história da criação. A abordagem negativa implica deixar de lado todas as questões de interpretação teológica e considerar a teoria da evolução apenas como uma teoria científica, oferecendo uma avaliação das evidências sobre os seus próprios méritos. Os criacionistas, por vezes, combinam ambas as abordagens em seus debates públicos sobre o tema.

Recentemente, surgiu uma nova forma de atacar a teoria da evolução – a chamada teoria do desígnio inteligente, e, embora existam semelhanças entre essa visão e o criacionismo, os dois pontos de vista não devem ser confundidos. Os teóricos do desígnio inteligente, como Michael Behe e William Dembski, desenvolveram um argumento contra a teoria da evolução, e, se esse argumento tiver êxito, haverá implicações para o debate teísmo/naturalismo.[6] Eles apresentam três argumentos gerais. Primeiro, o de que os princípios evolutivos, principalmente o processo de seleção natural, não podem explicar a complexidade da célula viva em nível molecular. Michael Behe propôs que a célula é "irredutivelmente complexa", querendo dizer que ela precisa de todas as suas várias partes complexas em seu lugar ao mesmo tempo, a fim de operar e realizar a sua função específica. Se isso for verdade, levantaria questionamentos à seleção natural, que diz que cada parte específica de um organismo se desenvolveu gradualmente ao longo do tempo porque a sua existência no organismo deu alguma vantagem seletiva ao organismo em cada fase do desenvolvimento. Isso significaria que o nervo óptico, por exemplo, evoluiu porque deu alguma vantagem seletiva ao organismo, mas a função que ele cumpre não está conectada à visão, pois, para que a visão ocorra, seriam necessários o próprio olho e conexões com o nervo óptico e com o cérebro, tudo presente ao mesmo tempo. Portanto, essa primeira afirmação da teoria do desígnio inteligente também é, ao mesmo tempo, uma crítica ao processo de seleção natural, mas ela não necessariamente nega outras afirmações da teoria da evolução, como a de que todas as espécies têm parentesco genético (macroevolução).

Sendo assim, o segundo passo é argumentar que a complexidade da célula humana é tal que sugere uma grande probabilidade de que haja um autor do desígnio inteligente responsável pela sua configuração e sua complexidade. O terceiro passo é a argumentar que essa é uma conclusão *científica*, e não uma conclusão filosófica, e, assim, o desígnio inteligente seria parte da ciência, e não da filosofia ou da teologia. Essa é uma das razões pelas quais o desígnio inteligente tem sido polêmico e tem gerado discussões sobre políticas públicas em vários estados dos Estados Unidos (como Kansas e Ohio) sobre o seu ensino ou não em cursos de biologia, junto com a teoria da evolução. Os teóricos do desígnio inteligente afirmam que a sua ideia faz parte da ciência, pois argumentam que a alegação de que a biologia molecular mostra evidências do desígnio é *empírica*, baseada em uma investigação de células vivas por meio de vários experimentos em biologia molecular. Em suma, os teóricos do desígnio inteligente afirmam ter examinado células humanas cientificamente e permitido que as evidências conduzissem às suas conclusões. Às vezes, eles comparam o desígnio inteligente com outras disciplinas que acreditam operar de forma semelhante e que são geralmente consideradas como científicas – criminalística, arqueologia e a busca de inteligência extraterrestre (SETI). Eles costumam apelar para o filme *Contato* (1997), baseado em um romance de Carl Sagan, para enfatizar que a sua conclusão de que a célula humana é designada é tão científica quanto a conclusão tirada pelos cientistas no filme de que a mensagem que recebiam do espaço exterior vinha de uma mente inteligente.

As críticas ao movimento do desígnio inteligente são muitas, e vou resumi-las aqui. Em primeiro lugar, os críticos atacam a alegação de que a seleção natural não consegue explicar a complexidade da célula. Eles costumam afirmar que a célula provavelmente cumpria funções *diferentes* no passado, quando carecia de algumas de suas características atuais (as quais evoluíram mais tarde por causa da seleção natural e deram à célula e ao organismo alguma vantagem que não tinham anteriormente). Em suma, quando a seleção natural levou ao surgimento de novas partes da célula, esta provavelmente assumiu uma função *nova* em relação à que tinha antes. É assim que funciona a evolução (embora os críticos digam que os exemplos específicos para ilustrar esse ponto sejam muito frágeis). A segunda crítica, talvez a principal, é de que o desígnio inteligente não deve ser considerado como ciência, porque uma teoria científica deve ser testável, envolver dados mensuráveis, levar a previsões e assim por diante. Esses parecem ser os critérios mínimos para uma teoria ser científica, mas a teoria do desígnio inteligente não consegue cumpri-los. Não parece possível chegar a uma maneira de estudar a natureza do autor do desígnio nem testar a afirmação de que existe um autor. A hipótese do autor do desígnio parece estar fora da ciência, da forma como ela normalmente é entendida. Essa é uma crítica forte ao desígnio inteligente, embora seja importante observar que é apenas uma crítica a como ele deve ser *classificado*, mas não uma refutação de suas principais afirmações. Mas pode-se argumentar que ampliar a definição de ciência para incluir o desígnio inteligente é tornar as coisas muito confusas. Por que não simplesmente argumentar que o desígnio inteligente pode ser um argumento para sustentar a existência de um autor inteligente, mas não insistir em que seja considerado parte da ciência? Essa seria uma abordagem melhor. Os teóricos do desígnio inteligente, que trabalham na área de políticas públicas, rejeitam essa abordagem porque gostariam que a teoria fosse ensinada em cursos de biologia do ensino médio, como uma hipótese rival à evolução. No entanto, provavelmente seria muito melhor, em termos gerais, sobretudo para a educação dos alunos, se a teoria não fosse apresentada como uma teoria científica rival à evolução, e sim como parte de uma discussão maior sobre religião e ciência em uma disciplina de ensino médio que não a biologia, talvez de estudos sociais. Embora não estejamos interessados no aspecto relacionado a políticas públicas do tema deste livro, devemos observar que o desígnio inteligente é uma teoria provocativa, que levanta questões interessantes sobre a seleção natural e sobre como a disciplina da ciência deve ser definida, onde a ciência termina e começa a não ciência, como sem dúvida concordará qualquer pessoa que tenha ficado intrigada com a discussão das últimas páginas.

Também é importante observar que é incorreto e enganoso caracterizar o desígnio inteligente como apenas mais uma forma de criacionismo – um erro comum cometido no debate nos Estados Unidos. Muitas vezes, é no contexto desse debate que alguns pensadores, principalmente Phillip Johnson, alegam que a ciência moderna, recusando-se a considerar a visão de que a própria ciência pode mostrar evidências do desígnio, é *ateísta por definição*.[7] Johnson é conhecido por fazer duas afirmações amplas no debate sobre religião e evolução:

1. as evidências da evolução são frágeis; e
2. a ciência moderna é essencialmente ateísta ou naturalista na prática e nas perspectivas.

A defesa que Johnson faz da primeira afirmação é muito interessante e tem dado alívio mesmo àqueles que estão inclinados a apoiar a teoria da evolução, mas é mais frágil com a segunda alegação. Embora ele tenha prestado um grande serviço ao apontar as tendências ateístas da ciência moderna, parece-me que vai longe demais quando diz que a ciência é *essencialmente* ateísta. A ciência como disciplina adota uma postura no estudo do mundo físico que é chamada de *naturalismo metodológico*. Essa abordagem diz que, quando se faz ciência, só serão levadas em conta e buscadas explicações físicas e testáveis (e, assim, o desígnio inteligente seria descartado). Mas não se conclui daí que as *únicas explicações possíveis* para qualquer aspecto da realidade sejam as físicas (esse seria o naturalismo metafísico), embora seja obviamente importante manter as duas visões distintas no trabalho do cientista, algo que os modernos autores científicos, como vimos, nem sempre têm conseguido fazer. Alguns criacionistas e teóricos do desígnio inteligente, incluindo Johnson, confundiram equivocadamente a visão de que a ciência está comprometida com o naturalismo filosófico (apenas explicações físicas são possíveis) com a visão de que ela está comprometida apenas com o naturalismo metodológico (*como disciplina*, a ciência lida com explicações físicas, por definição). É verdade que alguns cientistas são naturalistas filosóficos, mas é essencial perceber que, por princípio, a ciência não tem e não precisa ter compromisso, em geral, com qualquer tipo de naturalismo. E provavelmente é verdade que, em geral, a maioria dos cientistas não acredita no naturalismo filosófico.

A EVOLUÇÃO É UMA AMEAÇA À CRENÇA RELIGIOSA?

No entanto, há questões ainda mais profundas que a teoria da evolução levanta sobre a crença religiosa e que levaram alguns pensadores a usá-la como argumento geral em favor do naturalismo. Alguns naturalistas conhecidos usaram as teorias científicas, incluindo a teoria da evolução, para defender a sua abordagem naturalista da realidade. Isso faz parte do movimento do ateísmo positivo, como já observamos. Esses pensadores incluem Crick, Sagan e, principalmente, Dawkins, segundo os quais a teoria da evolução mostra não só que a história bíblica da criação é falsa, mas que, em geral, a visão religiosa do mundo *não é verdadeira*.

Isso ocorre porque a teoria da evolução sugere que os seres humanos não são especiais da maneira que a maioria das religiões afirma. A evolução mostra que o homem é apenas uma espécie entre muitas outras e que, embora o *Homo sapiens* seja a espécie mais avançada, isso se deve às forças cegas da seleção natural, e não ao desígnio ou à necessidade. Em resumo, a abordagem naturalista da evolução sustenta que os seres humanos diferem de outras formas de vida apenas em grau, e não em tipo, o que significa que foram produzidos exatamente pelos mesmos processos naturais que produziram todas as outras espécies. Também é verdade que a espécie humana não tinha que surgir desse processo, e isso só aconteceu por um acidente da seleção natural. Se repassássemos o filme da história, como disse Stephen J. Gould, acabaríamos com espécies diferentes das que temos agora, e quase certamente não haveria nenhuma espécie de *Homo sapiens*. Além disso, não há qualquer garantia de que os seres humanos continuem no topo da árvore evolutiva (dentro de milhões de anos, por exemplo), porque a evolução é um processo contínuo e ainda não acabou.

Vários naturalistas evolutivos ampliam essa maneira geral de defender o ateísmo. Eles argumentam que a evolução também mostra que provavelmente não existe alma, pois os seres humanos foram produzidos, assim como todas as espécies, a partir desse processo naturalista. Os produtos desse processo naturalista, como mentes e cérebros humanos, devem ser, eles próprios, de natureza física, e, mesmo se admitirmos, por exemplo, que a consciência humana não é física, ela ainda terá surgido a partir de um processo puramente físico que deve ter prioridade metafísica na ordem de explicação final sobre a existência de consciência.

Alguns naturalistas ampliam ainda mais a teoria da evolução à questão da existência da própria vida e até mesmo à natureza do universo. Eles argumentam que a primeira forma de vida provavelmente se originou de materiais não vivos. Isso pode ter ocorrido quando as partes certas, como metano, amônia, hidrogênio e água, estavam presentes no ambiente certo no momento certo na história, tudo acontecendo por acaso, é claro. As experiências realizadas por Stanley Miller e Harold Urey na Universidade de Chicago, na década de 1950, costumam ser citadas nesse sentido. Os experimentos começaram apenas com materiais não vivos e tentaram produzir organismos *vivos* a partir deles, tentando mostrar que é assim que a vida poderia ter-se originado na Terra. Eles usaram apenas os ingredientes que achavam que já estariam disponíveis na Terra mais ou menos na época em que se acredita ter começado a vida. O experimento conseguiu produzir aminoácidos, que são algumas das partes necessárias para a vida, mas apenas uma pequena parte, e não células vivas. Alguns achavam que seria apenas uma questão de tempo antes de experimentos como esses produzirem coisas vivas, mas isso ainda não aconteceu. Cinquenta anos mais tarde, há poucos avanços nesse campo, mas os seus apoiadores ainda o apontam como evidência provável de que é assim que a vida começou, enquanto outros o defendem como um projeto de pesquisa em curso, que ainda está em sua infância.

Carl Sagan e outros defenderam o que chamam de "evolução cósmica", o conceito básico da evolução aplicado ao universo como um todo. Sagan argumenta que podemos descrever como o próprio universo está em evolução desde o tempo do *Big Bang*, no sentido de que cada estado presente do universo é produzido casualmente pelos estados anteriores. Isso se aplica a todos os estados imediatamente posteriores ao *Big Bang*, até ao presente. Alguns naturalistas que defendem essas teorias falam muitas vezes como se a evolução pudesse, portanto, explicar toda a realidade. Dawkins, por exemplo, fala como se ela pudesse até mesmo explicar as leis da física.

Como o teísta responde a esses argumentos? Já apresentamos uma visão geral das respostas teístas no Capítulo 2 e vamos apenas resumi-las aqui. Observamos que a teoria da evolução apresentada como argumento para o naturalismo foi uma resposta a essa versão do argumento do desígnio que recorria à noção de teleologia na natureza, a versão que enfatiza a adequação dos hábitats a suas espécies, ou seja, o fato de que a natureza parece ter sido projetada com um propósito. Mas há outras questões com as quais a teoria da evolução não pode nos ajudar. Por exemplo, ela não pode nos ajudar com a *origem* da matéria e da energia. A evolução não pode nos ajudar, talvez, com as nossas duas maiores perguntas sobre o tema da possível existência de Deus:

1. como o universo surgiu, qual é a sua causa última e
2. como surgiu o desígnio do universo? ("desígnio" entendido aqui como as regularidades presentes nas leis básicas da física).

Como observamos, ela não consegue responder a essas perguntas, nem deveria, oficialmente. (A teoria oficial também não pode nos ajudar com a questão da origem da vida.) A teoria da evolução *logicamente não consegue* explicar a origem do universo.

Em termos mais gerais, muitos filósofos teístas argumentam que, como a evolução não consegue responder a essas questões cruciais sobre a origem e a natureza do universo e, portanto, tampouco a perguntas fundamentais sobre a origem das espécies, ela não é ameaça à crença religiosa. É verdade que mostraria que a história bíblica do Gênesis não era literalmente verdadeira, mas isso foi aceito por várias pessoas muito tempo antes de surgir a teoria da evolução, incluindo Santo Agostinho. Esse fato, entretanto, não afeta o argumento filosófico mais profundo por trás da história da criação – o de que Deus criou o universo e toda a vida com um propósito. Tampouco pode a evolução, apresentada como explicação para todos os fatos relacionados aos seres humanos e, portanto, como argumento para o naturalismo, explicar a origem da mente ou a natureza da moralidade, ambas facetas essenciais da vida humana. Então, olhando o debate do ponto de vista da melhor teoria explicativa geral sobre a existência do universo, o pensador religioso afirma que o teísmo é ainda a opção mais racional. Os filósofos que discutem dessa forma argumentam que a evolução foi direcionada por Deus ou por ele concebida e que os seres humanos estão, portanto, no topo da árvore evolutiva em função do propósito de um projeto, e não por acidente. Em resumo, os seres humanos diferem de outros animais em tipo, e não apenas em grau.

Essa abordagem deixa espaço para uma relação de complementaridade entre religião e ciência. Nessa perspectiva, a ciência não está em conflito com a crença religiosa, e estuda o reino da física usando os métodos da ciência, a fim de nos ajudar a obter o maior conhecimento possível sobre o universo. Adota a abordagem do naturalismo metodológico, como mencionado anteriormente. Não há problema com isso, desde que os cientistas, *como cientistas*, tomem cuidado para evitar o naturalismo metafísico, que significa não tanto que eles não devam descartar explicações sobrenaturais, mas que, *como cientistas*, devem ser cuidadosos para evitar a introdução da visão de que tudo no universo *tem necessariamente* uma explicação científica, pelo menos em princípio. Esse é um erro cometido por muitos cientistas conhecidos nos últimos tempos: eles confundiram naturalismo com ciência, o que fez essa confusão penetrar na cultura popular, levando muitos a pensar que a ciência moderna é essencialmente ateísta. Muitas pessoas de boa vontade passaram a suspeitar da ciência, talvez até a hostilizá-la, e a verdade é que, algumas vezes, o debate criacionismo/evolução/desígnio inteligente só fez aumentar a confusão. Mas, desde que mantenhamos a ciência como disciplina distinta do naturalismo metafísico, a visão de mundo religiosa pode assumir completamente o método científico e nada tem a temer dele. Os filósofos teístas que defendem esse ponto de vista sustentam que, como a visão religiosa de mundo é a melhor teoria geral explicativa da realidade, a ciência vai assumir o seu lugar natural dentro dessa posição, e religião e ciência poderão trabalhar juntas na busca de compreender a realidade.[8] Cada teoria científica será aceita com base em uma avaliação das evidências para a sua sustentação, incluindo a da evolução. Nada menos é exigido por um compromisso com a razão, e a crença religiosa nada tem a temer da razão.

Tudo isso nos leva ao tema fascinante da consciência humana. Antes de concluir este capítulo, é preciso aprofundar um pouco as importantes questões de consciência, mente e alma em termos de sua relação com o debate e o diálogo entre religião e ciência.

ALMA, MENTE E IMORTALIDADE

É uma crença central à maioria das religiões que os seres humanos sobrevivem à morte de alguma forma e que muitos alcançam a imortalidade. A crença na imortalidade é crucial para muitas religiões, porque, para os seres humanos, é a ligação entre esta vida e a próxima, e também porque sugere que o que se faz nesta vida é importante para o que acontece na próxima. Sugere, em outras palavras, que seremos julgados na próxima vida. É assim que muitas religiões trabalham a sua visão da salvação. Mas, embora a maioria delas acredite na imortalidade de alguma forma, e, de fato, a maioria das pessoas em todo o mundo continue a acreditar que vai reencontrar os seus entes queridos na próxima vida, existem razões filosóficas para acreditar na imortalidade? Deixando de lado considerações teológicas, o que a filosofia tem a dizer sobre a imortalidade? A ciência atual pode nos dar qualquer ajuda com essa questão?

Os filósofos de hoje estão interessados em vários assuntos relacionados à imortalidade. Um deles é a questão de o que significa a imortalidade – ou seja, como devemos entender a nossa sobrevivência após a morte? O que seria necessário para que seja *eu* o que sobrevive (a questão do que constitui a identidade pessoal)? Uma segunda questão diz respeito a se só a nossa alma sobrevive, mas não o corpo, ou sobrevivem alma e corpo?

Vamos começar com a segunda questão, que nos leva à área da filosofia conhecida como filosofia da mente.[9] Alguns argumentos na filosofia da mente sobre a imortalidade têm tido muita visibilidade nos últimos tempos, à medida que o debate entre o teísmo e o naturalismo se torna um foco central. Não é por acaso que a filosofia da mente é uma das áreas mais exaltantes na pesquisa filosófica hoje – isso porque levanta questões ardentemente disputadas entre visões de mundo diferentes sobre a natureza da mente humana e suas atividades. A questão central na filosofia da mente, o problema corpo/mente, é: qual é a relação entre corpo e mente? Com "mente" se quer dizer consciência, pensamentos, capacidade de raciocínio, lógica, memórias, imaginação e assim por diante. "Corpo" se refere ao material físico do cérebro, como córtices, neurônios, células, membranas e dendritos. Um argumento para a defesa da imortalidade baseado na distinção corpo/mente remonta pelo menos a Platão. Embora Platão tivesse argumentos específicos para a imortalidade, a sua questão geral era que o que acontece na morte natural é que o corpo morre, mas a mente sobrevive. O corpo é um objeto físico e, como todos os objetos físicos, é contingente, tem vida limitada e acabará por morrer e se decompor, mas a mente é uma substância não física, mental, espiritual, a sede da nossa consciência, nossas memórias e nossa identidade pessoal, e sobrevive à morte do corpo. Essa abordagem geral evoluiu gradualmente para um argumento bem conhecido na história da filosofia em favor da imortalidade. René Descartes (1596-1650) foi outro famoso expoente dessa visão, que ficou conhecida como dualismo de substância.

O dualismo de substância se opõe ao materialismo, a outra posição principal sobre a relação corpo/mente. O materialismo é a visão de que a mente humana é completamente física ou depende do que é físico. Alguns filósofos têm uma visão forte do materialismo e defendem a *identidade* mente/cérebro. Essa é a visão de que mente humana e cérebro humano são a mesma coisa, são idênticos. Não que esses filósofos neguem a existência de consciência, pensamentos e lógica; eles simplesmente negam que essas características sejam não físicas, afirmando que são, sim, sofisticadas e complexas operações *físicas* do cérebro, e, embora ainda não entendamos completamente como funcionam, conseguiremos isso no futuro por meio de mais investigação científica. Outros materialistas assumem uma visão mais moderada: sustentam que as atividades que normalmente entendemos como pertencentes à mente humana *podem* ser não físicas, mas mesmo nesse caso ainda são produzidas pelo cérebro e, portanto, completamente dependentes dele. Em ambos os pontos de vista, a imortalidade não poderia ser defendida com o argumento de que a mente sobrevive à morte do corpo, porque, na teoria da identidade mente/cérebro, nada há de não físico para sobreviver, de forma que, quando morre o cérebro, tudo morre. No entanto, mesmo na visão moderada, quando o cérebro morre, a mente também morre, já que depende do físico para existir. Existem várias outras posições entre materialismo e dualismo de substância que se podem assumir – na verdade, o materialismo moderado é uma delas, mas não precisamos entrar nos detalhes dessas posições para a nossa discussão. A principal questão a se ter em conta é que a visão dualista geralmente sustenta que a mente não pode sobreviver à morte física de alguma forma, e, por isso, essa seria uma explicação razoável para a imortalidade; o lado materialista nega isso.

Examinemos brevemente alguns dos argumentos apresentados pelos dualistas para afirmar que a mente humana pode sobreviver à morte do corpo e como o materialista ateu poderia responder a eles. O primeiro argumento apresentado pelo dualista é o das propriedades, que recorre ao princípio lógico de que, se duas coisas têm propriedades diferentes, não podem ser a mesma coisa. Sabe-se que Descartes argumentou que isso acontece com o corpo e a mente. A mente não pode ser literalmente medida, pesada nem dividida, mas o cérebro pode. Não tem sentido falar do quanto a minha ideia da cidade de Nova York é pesada, mas tem sentido perguntar qual o peso do meu lobo frontal! Esse argumento mostra que a mente é de uma ordem diferente da do cérebro, de uma ordem não física, na verdade. Os materialistas respondem a esse argumento dizendo que, apesar de as duas coisas poderem parecer diferentes, talvez não sejam. Eles muitas vezes apelam para o exemplo do planeta Vênus, que costuma ser chamado de estrela da noite e, às vezes, de estrela da manhã, porque aparece no céu da noite e no céu da manhã em diferentes épocas do ano. As pessoas podem facilmente pensar que eram estrelas diferentes (como os gregos, por exemplo, que as chamaram de Héspero e Fósforo), porque parecem ter propriedades diferentes (uma nasce na parte da manhã, e a outra à noite), mas na verdade são a mesma estrela. Embora essa não seja uma analogia perfeita, porque a estrela da tarde e a estrela da manhã, pelo menos, são ambas estrelas (e assim haveria alguma base para a possibilidade de serem a mesma estrela), o materialista argumenta que o mesmo poderia acontecer com o corpo e a mente.

Outro argumento ao qual recorre o dualista é o da intencionalidade. Esse argumento chama a atenção para uma propriedade muito peculiar de nossos estados mentais (pensamentos e ideias), uma propriedade não compartilhada por objetos físicos. Vamos lançar mão de uma experiência de pensamento para ilustrar o fenômeno incomum da intencionalidade. Pense sobre a sua casa por um momento; forme uma imagem dela em sua mente. Agora, se eu lhe perguntar "sobre" o que você está pensando, você vai responder: "Eu estou pensando 'sobre' a minha casa". Você não está pensando "sobre" a biblioteca da universidade. As ideias e imagens em sua mente teriam conteúdo intencional, são "sobre" ou "em relação a" algo que está no mundo real (na realidade, extramental, ou no mundo exterior à mente). Isso é verdade em relação à maioria dos conceitos, crenças, ideias, argumentos, etc. que temos. É uma propriedade admirável do mental. O dualista afirma que a intencionalidade não pode ser explicada em termos físicos, porque não faz sentido dizer que a estrutura atômica ou molecular de um objeto físico (como as células cerebrais) poderia ser *sobre* outro objeto distinto. Também não faz muito sentido dizer que um objeto físico poderia produzir um efeito não físico, que teria como uma de suas características o fenômeno da intencionalidade. O materialista precisaria explicar a existência de intencionalidade de uma forma científica, que envolvesse uma descrição do funcionamento do cérebro humano. O que é necessário é uma explicação em termos de propriedades físicas e leis causais científicas. O dualista defende que isso não pode ser feito.

O materialista geralmente apresenta um dos dois argumentos em resposta, nenhum deles muito convincente, em minha opinião. Ele argumenta, em primeiro lugar, que a intencionalidade pode muito bem ter uma explicação física, e provavelmente a tem; simplesmente ainda não a descobrimos. Gosto de chamar isso de argumento da "fé científica" na filosofia da mente. É um argumento muitas vezes evocado pelo materialista que se depara com características recalcitrantes da mente que parecem resistir a explicações físicas e científicas. Baseia-se na alegação de que, uma vez que houve muitas coisas no passado que não se podiam explicar, mas agora se podem, como um relâmpago, o mesmo acontece com a intencionalidade e, na verdade, com a mente em termos mais gerais. O dualista não nega que o argumento da fé científica seja um bom argumento na ciência (quando aplicado a um relâmpago), mas nega que seja bom quando aplicado à intencionalidade ou à mente em termos mais gerais – isso porque a intencionalidade, diferentemente de um raio, não é apenas mais um objeto físico, e parece não ter qualquer base na matéria física, como átomos e as leis causais. Portanto, tratá-la como se fosse apenas outro objeto físico é exagerar. A segunda resposta do materialista é sugerir que a intencionalidade poderia ser algum tipo de ilusão, no sentido de que o "caráter de ser sobre algo"* é, na verdade, *do estado mental*, não o objeto no mundo (um "caráter de ser sobre algo" que ainda tem que ser explicado).

Um terceiro argumento apresentado pelo dualista poderia ser chamado de argumento do livre-arbítrio. Muitos acreditam que esse argumento é decisivo contra qualquer teoria do materialismo sobre a mente

---

* N. de R. T.: No original, "*aboutness*", que não permite nenhuma tradução sintética para o português.

humana. O livre-arbítrio pode ser definido como a capacidade dos seres humanos de fazer uma escolha verdadeira entre alternativas, uma escolha não determinada por leis científicas que operam em partículas atômicas ou moleculares, ou em combinações de partículas no cérebro. Sem o livre-arbítrio verdadeiro, a moralidade não faria sentido, já que o empreendimento como um todo depende de os seres humanos terem uma verdadeira escolha entre bem e mal. Da mesma forma, a responsabilidade moral, o castigo e até mesmo a democracia dependem todos da crença anterior de que os seres humanos têm livre-arbítrio. O dualista argumenta que, como os seres humanos têm livre-arbítrio, o materialismo deve ser falso. Esse problema é realmente muito delicado para os materialistas que se deparam com dizer que, uma vez que todas as nossas ações estão enraizadas em nosso cérebro e nosso sistema nervoso central, todas as nossas "escolhas" seriam explicáveis em termos de leis científicas causais, operando em pedaços da matéria. Seríamos como robôs sofisticados, cuja própria operação é determinada por sequências causais que funcionam de acordo com leis científicas. Em síntese, não há espaço para o livre-arbítrio em um universo naturalista.

Os materialistas há muito lutam com essa noção e estão realmente apenas começando a entender o problema que o livre-arbítrio cria para a sua visão. Eles percebem que é quase impossível conceber a vida humana como a entendemos e experimentá-la sem acreditar no livre-arbítrio, e, por isso, o custo de abandoná-lo é enorme; ainda assim, não veem maneira de encaixar o livre-arbítrio em um universo completamente físico. É por isso que muitas vezes fizeram experiências com o que se chamam noções compatibilistas de liberdade, baseadas na visão aparentemente contraditória de que, apesar de toda a natureza, incluindo os seres humanos (e o cérebro humano), estar sujeita às leis físicas, os seres humanos ainda podem ser livres. Embora essas teorias sejam interessantes, é difícil ver como poderiam ser verdadeiras, uma vez que existe uma aparente contradição no âmago delas; mas é preciso recorrer a algo como elas para lidar com esse problema do materialismo.

O dualista afirma que, por ser não física, a mente tem certa independência em relação ao cérebro, do que se conclui que pode sobreviver à morte corporal. Dada a diferença radical entre corpo e mente discutida nos argumentos apresentados, a proposição é que, embora mente e cérebro certamente trabalhem juntos nesta vida, não há qualquer objeção lógica a dizer que a mente poderia sobreviver à morte do corpo. Como a mente também envolveria as nossas consciências, ideias, memórias e assim por diante, esse também seria um argumento de que nós sobreviveríamos – nossa identidade pessoal seria mantida na vida após a morte. Às vezes, os materialistas respondem invocando o argumento das "lesões cerebrais". Ele diz que, quando o cérebro é lesionado, costuma haver perda correspondente da função mental, e isso mostra que a mente depende do cérebro para suas atividades. O dualista responde a esse argumento mostrando que, nesta vida, o cérebro é uma condição *necessária* para a vida mental, mas não mostra que é uma condição *suficiente* para a vida mental. Também não garante que a mente não possa operar sem o corpo após a morte. Os argumentos discutidos, o teísta afirma, apontam para o fato de que a mente é mais do que o cérebro. Assim, a mente ainda poderia funcionar por conta própria, sem a necessidade de eventos cerebrais, e isso pode acontecer na vida após a morte.

Os filósofos divergiram sobre a forma que a vida pode assumir após a morte. Houve várias posições sobre esse tema, que só podemos esboçar aqui como forma de aguçar o apetite dos interessados em aprofundar esse assunto fascinante. No Ocidente, houve dois pontos de vista principais. Um deles é o de que a mente, por si só, é suficiente para garantir a identidade pessoal de alguém na vida após a morte; o corpo não é necessário. A segunda visão é de que o corpo será ressuscitado e acabará por se reunir com a mente não física. Algumas religiões orientais aderiram às teorias da reencarnação. A reencarnação requer uma crença no dualismo, pois sustenta que a mente sobrevive à morte do corpo e depois reencarna em outro corpo. Esse processo pode continuar por várias gerações, antes que a alma finalmente escape do ciclo de nascimento, morte e renascimento. É isso que significa alcançar a salvação. Visões orientais de imortalidade muitas vezes explicaram a vida após a morte como um lugar onde a consciência individual é absorvida em uma "Unidade" indiferenciada (como observado no Capítulo 4). Talvez se possa entender melhor esse ponto de vista invocando a metáfora que considera como se a consciência da pessoa estivesse em um jarro nesta vida e a morte como uma fuga do jarro para uma Unidade geral, que é a realidade maior. Isso está em contraste com visões ocidentais de imortalidade, que enfatizaram o fato de que o indivíduo conserva a sua individualidade após a morte (é por isso que as questões de identidade pessoal são importantes) e estabelece uma relação pessoal com Deus.

Antes de concluir, devemos apontar outra evidência científica que pode ser mencionada sobre as questões da relação corpo/mente e da imortalidade, tais como evidências relativas à telepatia, vários fenômenos psíquicos (como percepção extrassensorial), experiências de quase-morte e assim por diante. A telepatia e a percepção extrassensorial, por exemplo, seriam mais problemas para o materialismo no sentido de que, se confirmadas, essas práticas parecem sustentar a visão de que a mente é não física, uma vez que parece envolver atividades mentais que não poderiam ser facilmente explicadas em termos de física. O fenômeno das experiências de quase-morte e extracorporais é fascinante. São experiências relatadas por muitas pessoas que estiveram perto da morte, mas sobreviveram. Geralmente, envolvem a experiência de estar fora do próprio corpo, muitas vezes acompanhada de sensações de estar em um túnel na presença de uma luz brilhante, acompanhada por sentimentos de paz, amor, aceitação, etc. Parece haver pouca dúvida de que essas experiências ocorrem. A questão é como explicá-las. Se são sustentadas com boas evidências, os dualistas dizem que elas afirmam o dualismo mente/corpo, enquanto os materialistas dizem que provavelmente são causadas por reações químicas no cérebro provocadas pelo estado próximo da morte.

É preciso enfatizar que ainda não surgiram evidências de todas essas atividades humanas e que as evidências atuais relacionadas a elas são muito questionadas. Nosso objetivo aqui é simplesmente observar como esses fenômenos aparentemente díspares são relevantes para a discussão corpo/mente e questões relacionadas, incluindo a da imortalidade. E é mais um lembrete de que muitas questões que muitas vezes se podem discutir como interessantes em si têm lugar na discussão religião/ciência e na discussão mais ampla sobre as visões de mundo e o significado da vida.

8

Diversidade religiosa: há uma religião verdadeira?

A grande diversidade de religiões que existe no mundo dá origem ao que, na filosofia da religião, costuma ser chamado de problema do pluralismo religioso. A existência de ampla diversidade religiosa em várias culturas inevitavelmente nos obriga a perguntar quais são as implicações dessa diversidade para a verdade da religião em geral. Será que o fato de haver uma variedade de religiões no mundo significa que, de alguma forma, uma religião é tão legítima quanto qualquer outra? Ou significa que nenhuma delas pode pretender ser detentora da verdade? A diversidade religiosa prejudica a confiança em nossa própria religião? Na verdade, na era moderna, a presença de pontos de vista diferentes sobre questões importantes da vida gerou relativismo, até mesmo ceticismo, entre muitas pessoas, em termos de descoberta da verdade sobre as questões fundamentais de moralidade, direito, política e sociedade. Portanto, não deve realmente surpreender que esse relativismo e esse ceticismo também tenham alguma influência sobre a religião.

É preciso ter em mente as muitas religiões do mundo quando se pensa sobre essas questões. Embora o nosso foco neste livro tenha estado no cristianismo, também devemos pensar sobre o islamismo, o judaísmo, o hinduísmo, o budismo, o taoísmo, o confucionismo e assim por diante. É simplesmente impossível ignorarmos outras religiões no clima cultural de hoje. As comunicações globais e a facilidade de viajar colocaram as principais religiões mais em contato do que nunca na história, e só esse fato já nos chama a enfrentar a questão do pluralismo religioso. Hoje, é mais comum as pessoas de uma religião conhecerem e, na verdade, trabalharem com pessoas de diferentes religiões. Em geral, os crentes religiosos estão cada vez mais interessados e respeitosos para com outras religiões. Contudo, é claro que há diferenças bastante significativas entre as religiões, em muitos assuntos: a natureza de Deus ou da realidade última, a descrição correta da revelação e dos textos sagrados, questões morais e, principalmente, doutrinárias, como a Encarnação e a Ressurreição, que os cristãos afirmam, por exemplo, mas os muçulmanos negam.

Não nos esqueçamos também de que as questões colocadas pelo pluralismo precisam ser enfrentadas por membros de *todas* as religiões, e não são apenas preocupações para os cristãos. Seguidores de cada visão religiosa de mundo devem fazer perguntas críticas não apenas sobre as verdadeiras afirmações de sua própria visão de mundo, mas também sobre como veem as afirmações de verdade de *outras* religiões. Esse é um assunto de vital importância porque, embora estejam de acordo em algumas questões, as religiões também discordam em relação a muitas coisas. Às vezes, essas divergências podem ser graves e levar a discussões sobre o correto entendimento da salvação e do caminho até ela. Na verdade, talvez a salvação seja o conceito fundamental na discussão sobre pluralismo religioso. O conceito de salvação deve ser entendido em um sentido bastante amplo, para se referir ao caminho correto à vida eterna e à felicidade (se houver). Essa definição é preferível em relação à mais estrita, que pode se concentrar em como o caminho à salvação foi apresentado em uma determinada religião (por exemplo, pela morte e ressurreição de Jesus no cristianismo). Embora o entendimento estrito seja muito importante – e o retomaremos mais tarde –, a questão mais ampla nos permite pensar sobre o tema geral da salvação e como ele se aplica a todas as religiões do mundo. Uma das questões centrais que dá origem ao debate acirrado entre religiões é se os membros da religião A acreditam que os membros da religião B podem ser salvos e vice-versa. E no que a religião C acredita em relação aos membros de A e B? Existe apenas uma religião verdadeira, no sentido de que o caminho para a salvação está disponível apenas em uma religião, ou a salvação pode ser alcançada em muitas religiões diferentes? Ou a pessoa responderia a esse problema dizendo que a salvação não existe? Essas são as perguntas que iremos explorar neste capítulo.[1]

Antes de entrar nessas questões, é interessante especular sobre se há lugar para a visão de mundo secularista nesse debate. Como vimos, o problema do pluralismo religioso sempre foi entendido na filosofia da religião como um problema relacionado à maneira de entender e responder ao fato de que há muitas religiões diferentes no mundo. No entanto, como sugeri na Introdução deste livro, se entendemos que o secularismo é uma visão de mundo importante em si mesma no mundo moderno, pode ser melhor ampliar a nossa discussão de pelo menos alguns temas religiosos para incluir a posição secularista em relação a eles. Na verdade, como eu disse anteriormente, muitas questões na atual filosofia da religião se resumem a um debate entre visões do mundo religiosas e secularistas, mas não é fácil ver como as questões levantadas pelo pluralismo religioso poderiam facilmente ser ampliadas para também incluir as perspectivas seculares. Isso porque a questão da salvação é central ao tema do pluralismo religioso, e os secularistas afirmam que não existe Deus, nem vida após a morte, nem alma e, portanto, tampouco salvação. Mas suponhamos que, a fim de levar mais a fundo esse experimento do pensamento, em vez de apelar à salvação como conceito fundamental levantado pelo debate sobre diversidade (ou em vez de compreendê-la de uma forma especificamente religiosa), recorramos ao conceito de verdade última ou o caminho correto para a felicidade, ou algo nessa linha.

Sendo assim, poderíamos perguntar, em relação à diversidade de visões de mundo – agora incluindo o secularismo –, se o secularista acredita que a sua visão de mundo é a verdade última ou oferece o caminho correto à felicidade (seja qual for a visão de felicidade que os secularistas desejem defender). Ou poderíamos perguntar como um secularista responderia à questão da verdade no que diz respeito à diversidade de visões de mundo em geral (religiosas e secularistas). Isso seria o equivalente a perguntar, para uma religião particular, se os seus membros sustentam que ela, sozinha, contém a verdade última ou o verdadeiro caminho à felicidade. Embora continuemos a tratar o problema do pluralismo religioso neste capítulo apenas como um problema para as religiões, pode ser útil não perder de vista como as perguntas deste capítulo se aplicariam ao secularismo. Isso é importante porque, uma vez que o secularismo é um importante fator cultural em si, hoje, principalmente em alguns países, já não é apropriado fazer perguntas sobre como devemos lidar com a diversidade de visões de mundo no mundo moderno e não considerar o secularismo como uma dessas visões. Ou, em outras palavras: não cabe mais restringir essas perguntas aos crentes religiosos; devemos agora fazê-las a todo aquele que tenha, pratique ou defenda uma visão de mundo.

Antes de seguir examinando as três principais respostas ao problema da diversidade religiosa, é necessário levantar algumas questões preliminares. Em primeiro lugar, em nossas reflexões, temos de nos concentrar claramente na questão das reais afirmações de verdade de nossa própria religião. Isso significa que é preciso pensar com cuidado sobre o que a nossa religião está dizendo em relação a Deus, à realidade, à natureza dos seres humanos, à nossa relação com Deus e à moralidade. Aquilo que a sua religião afirma é realmente assim, é objetivamente verdadeiro em relação a esses assuntos (e não apenas uma questão de convenção ou opinião)? Esses tipos de afirmações são frequentemente chamados pelos filósofos de afirmações metafísicas ou ontológicas. É pelo fato de as afirmações metafísicas de várias religiões costumarem ser bastante diferentes que podemos dizer que algumas religiões se contradizem; por exemplo, os cristãos acreditam que, quando morremos, provavelmente estabelecemos imediatamente uma relação pessoal com Deus, ao passo que os hindus afirmam que reencarnamos. Diante disso, essas afirmações não podem ser, ambas, verdadeiras.

Em segundo lugar, o membro de uma religião também deve perguntar se as afirmações metafísicas de sua religião são racionais. Como já enfatizei ao longo deste livro, a racionalidade da visão de mundo que se tem é muito importante. Na verdade, podemos pensar no problema do pluralismo religioso em termos de três perguntas: 1) Quais afirmações metafísicas eu sustento em minha religião? 2) Essas afirmações são racionais? 3) Qual é a minha resposta a outras religiões que fazem afirmações metafísicas *diferentes*? Eu considero que essas outras afirmações são falsas ou põem em questão as minhas próprias crenças religiosas, que todas elas podem, de alguma forma, ser verdadeiras ou que nenhuma deve ser verdadeira?

Terceiro, também precisamos ter em mente a diferença entre as afirmações ou crenças teóricas de uma religião e os efeitos práticos delas na vida de um crente. Os argumentos teóricos se referem às crenças de uma pessoa religiosa sobre vários tópicos (teológicos, doutrinários, morais e assim por diante); o foco nessas afirmações traz à tona a questão da verdade dessas crenças, a questão de quais são as crenças corretas nas quais se acreditar. O efeito prático das crenças na vida do crente religioso se refere a como ele realmente vivencia a sua religião na sua vida comum, cotidiana. Esse tema levanta a pergunta de *qual é a maneira correta de se viver moralmente*, uma preocupação fundamental da religião em geral. A distinção entre as afirmações teóricas de uma religião e o efeito prático delas na vida do crente é importante, porque, às vezes, embora os argumentos teóricos possam ser bastante distintos entre as diferentes religiões, os efeitos práticos de afirmações religiosas podem ser muito semelhantes, pelo menos em alguns aspectos importantes. E esse fato pode ter algum significado para a nossa compreensão do problema do pluralismo religioso e a nossa resposta a ele.

EXCLUSIVISMO RELIGIOSO

A primeira visão que vamos examinar como resposta ao problema do pluralismo religioso é conhecida como exclusivismo religioso. É a visão de que o caminho correto para a salvação só pode ser encontrado em uma religião. É muito difundida atualmente, entre todas as religiões, e também foi a principal abordagem à questão do pluralismo religioso ao longo da história. A Igreja Católica, por exemplo, ensina a doutrina do *extra ecclesiam nulla salus*, que significa "fora da Igreja, não há salvação", e, por muito tempo, isso foi entendido de forma exclusivista (apesar de ter havido mudanças nas atitudes em relação ao tema dentro da Igreja Católica depois do Concílio Vaticano II). Muitas denominações protestantes, *mutatis mutandis*, têm uma visão semelhante. O teólogo protestante Karl Barth (1886-1968) é um expoente bem conhecido dessa visão.[2] O exclusivismo religioso é uma posição que se pode adotar independentemente da religião que se tenha. Também é provável que se possa dizer que todas as principais religiões tenham tido alguma versão do exclusivismo, ou ainda a tenham. Também é possível assumir uma posição estreita ou uma posição ampla sobre o exclusivismo. Quem assume a primeira sustentaria que é necessário ser membro de uma determinada denominação religiosa para alcançar a salvação, enquanto os que subscrevem a visão mais ampla podem afirmar que qualquer pessoa que seja, digamos, cristã (ou qualquer religião de que falemos) será salva, independentemente da sua filiação denominacional específica.

Os exclusivistas religiosos de hoje, por vezes, opõem-se ao termo "exclusivismo" como rótulo para descrever a sua posição, porque argumentam que ele tem conotação negativa, transmitindo a ideia de que essa visão é isolacionista, limitada e intolerante. Eles contrapõem que "exclusivismo" é um termo politicamente correto desenvolvido para isolar as suas opiniões sem realmente tratar delas. Alguns, pois, preferem usar o termo "particularismo" (mais neutro), que, no atual clima de correção política, tem mais probabilidade de obter um tratamento justo para essa visão. Os exclusivistas religiosos defendem que pode haver verdades profundas em outras religiões, mas a sua principal afirmação é de que não se pode alcançar a salvação seguindo a religião errada. Só porque uma religião está certa em alguns pontos não significa que, em geral, contenha as crenças e ações corretas que levariam à salvação. Para o exclusivista, julgar se a outra religião está certa em algumas questões vai depender de ela concordar com a religião correta nessas questões; por exemplo, um muçulmano que apoia o exclusivismo pode crer que o cristianismo esteja certo ao acreditar que Deus é todo-poderoso, mas negar que o cristianismo possa conduzir à salvação.

É evidente que, para os exclusivistas religiosos, o trabalho missionário é muito importante. Isso significa que o exclusivista religioso leva a sério e dedica muito tempo e energia à tarefa de nutrir, explicar, defender, promover e difundir a sua religião, com vistas a ganhar adeptos. Essa é uma tarefa urgente para a Igreja, porque está em jogo a salvação das almas das pessoas. O trabalho missionário pode ser realizado de várias formas e pode incluir o envolvimento direto de uma religião na política, como forma de propagar a sua influência. Quaisquer objeções a esse envolvimento seriam compensadas pelo fato de estarem em jogo as almas eternas das pessoas.

Quais são os argumentos do exclusivismo? Os exclusivistas desenvolveram três linhas principais de argumentação.[3] A primeira é a do argumento filosófico e tem quatro pontos principais. Inicialmente, é razoável acreditar que Deus existe usando os argumentos da teologia natural, como aqueles que examinamos neste livro, o que leva ao segundo ponto: uma vez que Deus existe, é razoável que esperemos que revele o seu plano aos seres humanos. Assim, devemos olhar em volta, na história, em busca das evidências dessa revelação. A terceira parte do argumento envolve a análise das várias candidatas à verdadeira revelação na história e argumentar que uma determinada revelação (para os cristãos, a Bíblia) é superior às outras. Esse argumento específico implicaria recorrer às evidências históricas, à análise textual, à teologia moral, a argumentos filosóficos sobre interpretação textual e assim por diante. A última parte do argumento filosófico é que a correta explicação da revelação ensina que uma posição exclusivista sobre a salvação é verdadeira – por exemplo, a Bíblia ensina que só há um caminho para a salvação (e este é mais bem captado em uma determinada religião ou denominação).

O segundo argumento para sustentar o exclusivismo é de caráter mais diretamente teológico e provavelmente foi o principal argumento a que se recorreu na história da teologia e da filosofia. Essa visão simplesmente começa apresentando uma dada revelação como verdadeira e afirma que ela ensina que há apenas um caminho verdadeiro para a salvação. A revelação pode ser sustentada com um recurso às evidências históricas e ao debate teológico, mas geralmente não faz parte de um argumento filosófico, como considerado anteriormente. Em suma, em cada comunidade religiosa, de tempos em tempos, os estudiosos têm examinado a questão de por que a sua revelação seria melhor do que as outras, mas geralmente não recorrem a argumentos do tipo da teologia natural como parte desse processo geral, limitando-se à análise de um determinado evento de revelação e a textos e tradições que surgiram dele.

O terceiro argumento por trás do exclusivismo religioso é lógico[4] e diz que, por uma simples questão de lógica, nem todas as religiões do mundo podem ser verdadeiras. Mesmo que haja alguma verdade em todas elas, ainda há contradições diretas, de modo que algumas dessas religiões logicamente devem estar erradas em determinadas questões. Poderia ser o caso de que todas estivessem erradas, é claro, mas o exclusivista, por acreditar que uma visão religiosa do mundo é verdadeira em termos gerais, sustenta que é mais razoável pensar que uma delas está mais próxima da verdade do que as outras (mesmo se reconhecermos que nenhuma pode ter toda a verdade). Pelo menos pode-se saber, sustenta o exclusivista, qual é o caminho correto para a salvação. O exclusivista também rejeita frequentemente as críticas modernas ao exclusivismo, alegando que elas não se baseiam em uma análise racional da questão de qual revelação tem mais probabilidades de estar correta, e sim em uma falta de disposição para enfrentar a questão e fazer um verdadeiro debate sobre os méritos de visões de mundo diferentes – isso porque muitos estão hoje intimidados pelo multiculturalismo e pelo politicamente correto, não fazendo perguntas difíceis sobre pontos de vista diferentes, com medo de ofender os outros.

Apesar desses argumentos interessantes e desafiadores, existem problemas significativos que enfrentam a posição do exclusivismo religioso. Uma objeção que muitos levantam é a de que, embora a lógica por trás da posição exclusivista tenha sentido, simplesmente não é possível fazer um julgamento preciso e razoável de qual religião mundial é a verdadeira e, portanto, qual é o caminho correto para a salvação. Há simplesmente demasiados aspectos obscuros com relação a evidências históricas, datação de textos, relatos de testemunhas, alegações sobre o miraculoso, conflitos relacionados à interpretação textual e ao conteúdo das experiências religiosas para se fazer um julgamento. Portanto, a visão de que apenas uma religião tem o verdadeiro caminho para a salvação não é realista. É forçar demais, dizem os críticos, acreditar que o resultado desse debate seria concluir que uma determinada religião oferece o único caminho verdadeiro à salvação.

Uma segunda linha de argumentação contra o exclusivismo é que muitos não veem dificuldade lógica nem teológica na visão de que Deus poderia ter-se revelado de diferentes maneiras em diferentes religiões. Talvez Deus tenha-se revelado nas formas adequadas a uma cultura, hora e local determinados. Os exclusivistas rejeitam essa visão porque acreditam que é muito vaga e porque não veem dificuldade para um Deus poderoso se revelar substancialmente da mesma maneira em diferentes culturas. Revelar-se de maneiras diferentes simplesmente geraria confusão e teria o efeito de levar desnecessariamente as pessoas ao erro. Além disso, uma coisa é Deus se revelar de diferentes maneiras, mas por que ele revelaria *mensagens* diferentes em diferentes religiões? Alguns podem se perguntar como podemos culpar as pessoas por participar e acreditar sinceramente na religião dominante em sua cultura. Alguns sugerem que, se tivesse sido criado em uma cultura diferente, digamos, cristã, um crente muçulmano sincero seria um cristão sincero. Sendo assim, como se pode culpá-lo por ser sinceramente muçulmano? Os exclusivistas aceitam esse argumento, mas não acham que seja relevante para o debate; eles argumentam que o fato de se absorver a visão de mundo da cultura que se tem não significa que essa visão de mundo seja verdadeira. Eles também sustentam que a pessoa não é *totalmente* moldada pela própria cultura, mas pode se manter independente o suficiente para obter uma perspectiva crítica sobre ela, mesmo que isso às vezes possa ser difícil.

Uma das razões mais fortes para se rejeitar o exclusivismo, dizem os seus críticos, é que ele parece muito injusto para os membros das religiões equivocadas; isso porque, embora talvez seja verdade que, em teoria, pode-se assumir uma perspectiva crítica sobre a própria religião, fazê-lo na prática é mais difícil. Juntando-se isso ao fato de que, para os crentes comuns, comparar as diferentes religiões em termos de sua verdade é uma tarefa impossível, seria muito injusto que Deus condenasse eternamente qualquer pessoa que não conseguisse se converter e seguir a religião correta. Isso às vezes é expresso como uma objeção *moral* ao exclusivismo – seria imoral da parte de Deus definir as coisas de forma tão injusta. Como seria imoral da parte de Deus fazer isso, essa visão não pode estar correta, e, além disso, é imoral da parte dos exclusivistas insistir em que esteja correta. Uma extensão do argumento sobre a injustiça é que os exclusivistas precisam pensar sobre o que aconteceria com as pessoas que não seguiram a religião correta *porque nunca ouviram falar dela*. Nesse caso, não seria por culpa própria que elas não aceitam a religião verdadeira.

Alguns exclusivistas respondem a essas objeções desafiadoras sustentando que essas pessoas terão outra oportunidade de responder a Deus após a morte. Outros recorrem a uma doutrina complicada e muito controversa sobre o "conhecimento intermediário" de Deus, conhecida como molinismo (por referência ao teólogo jesuíta do século XVII Luís de Molina), para resolver esse problema. Essa visão sustenta que, além do conhecimento sobre o passado, o presente e o futuro, Deus também tem um tipo de conhecimento chamado de intermediário. Ele tem esse tipo de conhecimento se sabe o que você *teria* feito se lhe tivessem sido apresentadas as opções certas em sua vida, as quais, na verdade, não lhe foram apresentadas (chamadas de escolhas contrárias à realidade, ou contrafactuais). Assim, nessa visão, Deus sabe o que você teria feito *se lhe tivesse sido apresentada* a visão religiosa correta da salvação. Ele sabe se você a teria aceitado ou não, e concede ou nega a salvação de acordo com isso. Para muitos, essa é uma doutrina especulativa e também incorre no problema da compatibilidade do conhecimento de Deus sobre eventos possíveis e o livre-arbítrio humano, mas é uma doutrina essencial para o exclusivista, pois é necessária para que ele tenha uma resposta ao difícil problema de o que acontece com aqueles que nunca ouviram falar a verdade, sem que tenham culpa disso.

PLURALISMO RELIGIOSO

Aqueles que defendem a posição conhecida como pluralismo religioso costumam ser críticos do exclusivismo, especificamente, e desenvolveram o pluralismo como posição alternativa. O pluralismo religioso é a visão de que há muitos caminhos diferentes à salvação nas várias religiões do mundo, e, assim, todas elas têm certa legitimidade. Um defensor forte, talvez mais extremo, desse ponto de vista é John Hick. Como indicado em capítulos anteriores, Hick foi influenciado pela metafísica de Kant e acredita que a distinção que este faz entre fenômeno e númeno nos proporciona uma maneira de desenvolver um argumento plausível para defender o pluralismo. Como observado no Capítulo 5, Kant distinguiu entre o mundo fenomênico e o mundo numênico, entre o mundo como aparece a nós e o mundo como ele é, e afirmou que só conhecemos o mundo fenomênico, que, embora se baseie no mundo numênico, é modificado de forma significativa *no ato do conhecimento*. Além disso, a mente humana não pode escapar a esses atos de alteração com o objetivo de conhecer o mundo como ele é.

Hick aplica essas categorias ao problema da diversidade religiosa.[5] Ele argumenta, por exemplo, que a natureza da realidade de Deus ou Realidade Última é equivalente ao mundo numênico. O Real, ou o Divino, como ele às vezes se refere à Realidade Última, está além da compreensão humana; situa-se no reino do numênico. No entanto, a partir de sua perspectiva limitada, os seres humanos tentam descrever o numênico, o que fazem de diferentes maneiras, as quais dão origem a diversas religiões do mundo. Cada uma das diferentes religiões representa diferentes perspectivas fenomênicas sobre o numênico. Portanto, de acordo com Hick, nenhuma delas detém toda a verdade sobre o Real, porque isso é impossível, mas cada uma também tem uma perspectiva legítima sobre o Real, e por isso nenhuma religião pode pretender ser mais verdadeira do que outra nem representar o caminho único para a salvação. Isso é verdade, Hick argumenta, mesmo quando as religiões se contradizem, um argumento que, segundo os exclusivistas, mostra logicamente que nem todas as religiões podem ser verdadeiras. Hick trata do problema da contradição dizendo que cada religião está tão distante de uma descrição correta do Real que, embora as diferentes afirmações pareçam contraditórias entre si – por exemplo, visões orientais e ocidentais da imortalidade –, elas são mais bem descritas como "distorções" porque estão muito aquém da verdade sobre esse tema, uma verdade que está além da compreensão humana.

Para ilustrar como isso pode funcionar, Hick e muitos outros pluralistas apelam para a história dos cegos e do elefante. Um grupo de cegos tem que descrever um elefante, um animal que nunca encontraram, mas cada um se aproxima dele a partir de um lado diferente. Assim, o primeiro toca em uma perna e diz que é um grande pilar vivo; outro toca a tromba e a descreve como uma cobra grande; outro, ainda, toca em uma das presas e o descreve como uma relha de arado; e assim por diante. Essas descrições estão todas corretas à sua maneira, mas, por causa das respectivas abordagens limitadas de cada cego diante da majestade do elefante, ficam muito aquém da descrição correta, que seria entender como o elefante realmente é. Isso acontece com as várias religiões (representadas na história pelos cegos) e o Real (representado pelo elefante). Assim como duas descrições feitas pelos cegos parecem se contradizer, mas, na verdade, estão ambas corretas à sua maneira, o mesmo acontece com as várias contradições que surgem em uma comparação das descrições do Real encontradas nas várias religiões do mundo.

A visão de Hick se mostrou atrativa a muitos e oferece uma solução para algumas das dificuldades diante do exclusivismo. Ela se encaixa bem e é motivada por várias ideias que são atrativas à mente moderna: a liberdade do indivíduo de escolher a sua própria visão de mundo, a ascensão da mentalidade científica, a rejeição da verdade literal das reivindicações religiosas, o aumento do relativismo moral, o desejo de não ter uma postura de julgamento em relação às crenças dos outros. No entanto, é uma visão que vem com sérios problemas próprios, que levam alguns a argumentar que não é uma resposta plausível ao problema da diversidade religiosa. Um problema é que ela muitas vezes é defendida recorrendo-se a uma epistemologia antirrealista, como a de Kant, ou mesmo por meio de um ceticismo em relação à possibilidade de os seres humanos jamais conseguirem conhecer a verdade sobre qualquer coisa em sua experiência. Embora tenham popularidade hoje, em várias disciplinas acadêmicas (e, consequentemente, tenham penetrado na cultura popular), ambas as posições epistemológicas são cheias de problemas, e os crentes religiosos, em particular, não importa qual seja sua denominação, muitas vezes relutam em se comprometer com elas.

Um problema enfrentado pela visão kantiana é que ela parece contraditória, pois está dizendo, por um lado, que, como ilustra claramente o exemplo do elefante, não há perspectiva final a partir da qual possamos julgar qual religião mundial pode ser verdadeira. Por outro lado, o próprio Hick está assumindo uma perspectiva maior, pois nos apresenta *uma descrição de como as coisas realmente são*! Em outras palavras, Hick está dizendo que a mente humana não consegue escapar do mundo fenomenal para descrever como é o mundo numênico e, ainda assim, é capaz de nos apresentar uma descrição supostamente verdadeira da realidade (e não uma descrição modificada pela mente): a de que ela consiste dos mundos numênico e fenomênico e de uma relação específica entre eles. Isso é uma contradição no âmago de todas as teorias antirrealistas: a pessoa que propõe a teoria sempre consegue escapar das estruturas relativizantes e da mente cognoscente, das quais o autor defende que ninguém pode escapar! O pluralismo também flerta abertamente com o ceticismo em relação ao conhecimento, porque se baseia na visão de que não é possível examinar as religiões do mundo da forma defendida pelo exclusivista – para ver qual delas tem mais probabilidade de ser verdadeira. Vai mais longe, argumentando que as afirmações factuais diretas nas religiões mundiais são todas falsas, como a de que Jesus ressuscitou dos mortos ou de que o anjo apareceu a Maomé, e são mais bem entendidas como metáforas para expressar o Real. Portanto, a literalidade da maioria das afirmações religiosas – que está no centro de quase todas as religiões – teria de ser abandonada. Então, para um cristão pensar que Jesus era Deus e realmente ressuscitou dos mortos para salvar a humanidade e que devemos, portanto, orar a Deus, essas crenças não devem ser consideradas literalmente verdadeiras, de acordo com Hick, e sim "perspectivas" sobre o Real, que é, em si, incognoscível. E o mesmo acontece com todas as religiões. É fácil ver como essa visão convida ao relativismo e ao ceticismo sobre a religião em geral, e seria difícil de distinguir do ateísmo.

Os pluralistas, muitas vezes, respondem a essas críticas dizendo que, na religião, o que importa não é tanto em que você acredita, mas *como vive*, ou, nas palavras de Hick, o que importa é que a religião possa transformar a vida de uma pessoa, de autocentrada a centrada em Deus. Se você seguir o código moral correto em sua vida, vai encontrar a graça aos olhos de Deus, independentemente de suas crenças metafísicas, teológicas e doutrinárias (e por isso essa abordagem pluralista também teria espaço para secularistas e ateus). Essa é uma visão pela qual mesmo quem não é pluralista tem alguma simpatia, mas parece que seria necessário que soubéssemos qual é a maneira certa de viver (isto é, que saibamos o que significa ter uma vida centrada em Deus). Contudo, parece que para saber qual é a maneira certa de viver teríamos que ser capazes de fazer duas coisas que os pluralistas acreditam não poder ser feitas. Primeiro, teríamos que conseguir julgar as várias religiões *de acordo com seus códigos morais*, mas, se pudermos fazer isso com os códigos morais delas, por que não poderíamos fazer o mesmo com suas características teológicas, sociológicas e históricas? Em segundo lugar, de modo mais geral, teria de ser possível *saber qual é a verdade objetiva na moralidade*, e, se pudermos conhecer a verdade objetiva na moralidade, por que não podemos conhecê-la em outras áreas do conhecimento, como história, teologia e descrições da revelação?

O pluralismo, em suma, é "exclusivista" à sua maneira, no sentido de que o pluralista quer que o exclusivista e o inclusivista aceitem a sua visão como verdadeira, e não apenas em geral, mas também em relação ao que está *envolvido* em viver uma vida centrada em Deus. O pluralista acredita que tem a resposta correta a isso e que as outras respostas estão incorretas.⁶ Em outras palavras, na história do elefante, o pluralista é o homem com visão, que consegue ver o quadro inteiro, incluindo a natureza do Real (o elefante), mas todos os outros são cegos! Se não fosse esse o caso, o pluralista não poderia saber que as descrições do Real apresentadas pelos cegos eram distorções inadequadas. Esses problemas são graves para o pluralismo e têm levado muitos a propor um meio-termo entre exclusivismo e pluralismo.

INCLUSIVISMO RELIGIOSO

Muitos consideram graves os problemas identificados tanto no exclusivismo quanto no pluralismo e, assim, gravitam em torno de uma visão que nos permita dizer tanto que a salvação pode ser alcançada em muitas religiões diferentes, mas que, no entanto, nem todas as religiões podem ser verdadeiras. Ainda pode haver apenas uma religião verdadeira. Essa visão é conhecida como inclusivismo religioso. Os inclusivistas afirmam que há apenas uma visão verdadeira de como a salvação pode ser alcançada, mas que pessoas de religiões diferentes são salvas por causa da natureza dessa visão de salvação. Por exemplo, um inclusivista cristão acreditaria que a morte e ressurreição de Jesus Cristo tornam a salvação possível a todos os seres humanos, que esse ato torna a salvação possível, não apenas para os cristãos, mas também para os membros de outras religiões. Isso é verdadeiro mesmo se os membros das outras religiões não reconhecerem Jesus ou o cristianismo; é verdade mesmo se eles acharem que Jesus não foi Deus ou que as principais afirmações do cristianismo são falsas. O teólogo católico Karl Rahner (1904-1984) e o filósofo católico Jacques Maritain (1882-1973) tinham, ambos, essa concepção.⁷

Essa posição, portanto, sustenta que a salvação depende de um ato específico – a morte e ressurreição de Jesus, por exemplo – ser metafisicamente verdadeiro (realmente aconteceu na história e realmente teve determinado efeito), mas não é necessário *acreditar* que esse evento tenha ocorrido, nem mesmo ser membro da religião que tem a visão correta do que tinha que acontecer para a salvação ser possível (metafisicamente). O que importa é que se viva uma vida moral, o que é possível fazer em muitas visões de mundo diferentes (não necessariamente em todas), e que se lute por estabelecer uma relação verdadeira com Deus, que se revela em muitas religiões, em certa medida, mesmo que imperfeitamente. A verdade das crenças doutrinárias de uma religião tem importância secundária.

De acordo com os inclusivistas cristãos, são os principais fatos da religião cristã que tornam a salvação possível, quer as pessoas reconheçam esses fatos, quer não. O inclusivista muçulmano ou judeu adotaria exatamente a mesma visão em relação às principais afirmações de sua respectiva religião.

Os inclusivistas afirmam que essa é a abordagem mais lógica ao problema da diversidade religiosa por vários motivos. Primeiro, eles concordam com o argumento exclusivista de que, logicamente, nem todas as religiões podem ser verdadeiras. O inclusivista aceita essa questão, mas desenvolve uma visão em que o debate sobre qual religião é realmente verdadeira é menos premente (ao contrário de exclusivistas, para os quais ele é urgente). Em segundo lugar, essa posição também reconhece a dificuldade de decidir (com certeza o suficiente para ser exclusivista) qual das religiões do mundo provavelmente é verdadeira com base em argumentos históricos, filosóficos e teológicos. Embora essa questão não seja irrelevante para o inclusivista (como parece ser para o pluralista), não é urgente que resolvamos isso. Em terceiro lugar, o inclusivismo está fundamentado na alegação de que deve haver *alguma visão da realidade que seja metafísica e factualmente verdadeira* e que torne possível a salvação. Essa parece ser uma exigência lógica de qualquer religião, de acordo com o inclusivista, e assim o inclusivismo pode preservar a integridade filosófica e lógica da crença religiosa ao se recusar a aceitar o argumento pluralista de que as afirmações religiosas, embora aparentemente literais, são, na verdade, metáforas.

Podemos usar uma analogia para ilustrar a posição inclusivista. Suponhamos que, em uma determinada cidade, engenheiros coloquem flúor na água e que isso faça todas as pessoas da cidade ter dentes saudáveis. O inclusivista afirma que o flúor realmente está na água e é responsável pelos dentes saudáveis. Esses fatos são verdadeiros não apenas para aqueles que acreditam que há flúor na água e que isso leva a dentes saudáveis, mas mesmo para todos aqueles que negam um desses fatos ou ambos. Tudo o que importa é que se beba a água! Isso é análogo à maneira como o inclusivista cristão pensa que a morte e a ressurreição de Jesus tornam a salvação possível para todos, desde que vivam o tipo certo de vida e realmente busquem Deus. Não importa se acreditam no cristianismo ou se acreditam que Jesus viveu, mas não ressuscitou dos mortos, ou o que quer que seja. O que importa é que, metafisicamente, Jesus ressuscitou dos mortos, e esse ato tornou a salvação possível para todos, independentemente de sua religião específica.

O inclusivismo é atrativo para a mente moderna, porque parece preservar os pontos fortes das outras visões, evitando as suas fragilidades, mas não está isento de críticos. Os exclusivistas o criticam por uma série de motivos. Primeiro, rejeitam a ideia de que não podemos investigar quais as religiões do mundo provavelmente sejam verdadeiras; segundo, consideram aviltante à integridade filosófica de uma religião afirmar que não há necessidade de conexão real ou essencial entre a doutrina e as crenças teológicas da religião e as suas crenças morais. O inclusivismo, afirmam, é dificultado pelo mesmo problema do pluralismo – dizer que, na maioria das religiões mundiais (exceto a correta), as crenças teológicas e doutrinárias são falsas, mas as crenças morais podem não ser particularmente afetadas. Mas essa visão avilta as crenças de uma pessoa, o exclusivista argumenta, do ponto de vista lógico. Em particular, deve levar inevitavelmente a um enfraquecimento da posição geral da religião no debate com o secularismo, principalmente na arena política. Os pluralistas também não são entusiastas do inclusivismo, porque têm problemas com a ideia de que podemos descobrir qual religião é verdadeira, o que precisamos fazer se quisermos ser inclusivistas, embora reconheçam o valor pragmático do inclusivismo, no sentido de que, como o inclusivista acredita que a salvação é possível por meio de muitas religiões, o debate real sobre qual religião do mundo é verdadeira é bem menos premente e, portanto, bem menos polêmico.

Outra dificuldade para o inclusivista é que, para dizer que as pessoas de outras religiões podem ser salvas, deve-se apresentar alguma visão do que é a salvação para que a visão inclusivista tenha qualquer conteúdo e não continue a ser uma abstração vaga e impraticável. Isso vai envolver tanto uma visão teológica de salvação quanto alguma visão da vida moral correta que é necessária para a salvação. Também exigirá um argumento de que não é preciso acreditar na visão teológica para ser salvo, que viver moralmente é suficiente, e que Deus é revelado de forma imperfeita em várias tradições religiosas. Mesmo se não pudermos chegar a um acordo sobre a visão teológica e, como vimos, mesmo que o debate teológico seja menos urgente, a visão sobre a maneira correta de viver (o código moral correto) parece ser urgente, caso contrário, cairíamos rapidamente no relativismo moral.

Isso significa que o inclusivista deve ter uma visão bastante detalhada da maneira moral correta de se viver, e o problema disso, apontam os críticos, é que parece exigir que tenhamos alguma perspectiva sobre qual visão teológica específica da salvação é a verdadeira, porque certamente a visão moral é aquela que devemos acreditar fazer parte do plano de Deus para a humanidade. Portanto, a fim de saber qual é a visão moral correta, também precisamos saber qual a visão teológica correta? Talvez uma maneira de contornar esse problema seja adotar uma abordagem baseada no direito natural, em que tentamos formular, em bases filosóficas independentes (sem possibilidade de recurso a uma tradição teológica específica), uma visão sobre a maneira objetivamente certa de viver. Pelo menos dessa maneira, todas as religiões poderiam se comunicar entre si em relação a essa questão crucial. Em síntese, a visão correta da forma certa de viver é uma questão importante para a posição inclusivista, e pode não ser possível apresentar essa visão sem antes resolver a questão de qual religião mundial é verdadeira, o que seria um golpe fatal ao projeto inclusivista.

A questão do estatuto do trabalho missionário é interessante para os inclusivistas, e eles a têm enfrentado no mundo moderno. Por um lado, o trabalho missionário não parece ser tão importante, pois pessoas de todas as religiões podem ser salvas; e por outro lado, certamente se desejaria que as pessoas se convertessem e acreditassem na verdadeira religião, se possível, e esse fato ainda pode levar o inclusivista a apoiar o trabalho missionário. A tendência geral dos inclusivistas tem sido de minimizar o trabalho missionário e salientar os pontos positivos de outras religiões.

Concluindo, não nos esqueçamos de que todas as visões que abordamos neste capítulo exigem algum trabalho missionário, porque os seus defensores precisam converter os outros ao que consideram a posição correta sobre a questão da diversidade religiosa, e, como vimos, essa tarefa parece exigir que se saiba o que é verdade em matéria religiosa, pelo menos em algum nível. Esta última questão ilustra mais uma vez por que o problema do pluralismo religioso é um assunto fascinante, mas complexo, para as várias religiões do mundo moderno.

Notas

CAPÍTULO 1

1. Para essas e outras definições possíveis de religião, ver Irving Hexham, *Concise Dictionary of Religion* (Downer's Grove, IL: InterVarsity Press, 1993).

CAPÍTULO 2

1. Entre os filósofos árabes que discutiram o argumento estavam al-Kindi (c. 801-873) e al-Ghazali (1058-1111).
2. Para o debate Boaventura/Tomás de Aquino, ver Cyril Vollert et al. (eds), *St. Thomas Aquinas, Siger of Brabant, St. Bonaventure: On the Eternity of the World* (Milwaukee: Marquette University Press, 1964).
3. Ver William L. Craig, *The Kalām Cosmological Argument* (Eugene, OR: Wipf and Stock, 1979); também seu ensaio 'Philosophical and Scientific Pointers to *Creatio ex Nihilo*', in R. Douglas Geivett and Brendan Sweetman (eds), *Contemporary Perspectives on Religious Epistemology* (New York: Oxford University Press, 1992), pp. 185-200.
4. Para uma boa visão geral da teoria do *Big Bang* e trabalhos científicos sobre a origem do universo em geral, ver Stephen Hawking, *A Brief History of Time* (New York: Bantam, 1988).
5. Ver Paul Edwards, 'A Critique of the Cosmological Argument', in L. Pojman (ed.), *Philosophy of Religion: An Anthology* (Belmont, CA: Wadsworth, 2003), pp. 59-73; ver, também, Michael Martin, *Atheism: A Philosophical Justification* (Philadelphia: Temple University Press, 1990), pp. 97-104.
6. Ver Paul Draper, 'A Critique of the Kalam Cosmological Argument', in Pojman (ed.), *Philosophy of Religion*, pp. 42-47.
7. Quintin Smith, 'Infinity and the Past', in W. L. Craig and Q. Smith (eds), *Theism, Atheism and Big Bang Cosmology* (Oxford: Clarendon Press, 1993), p. 96.
8. William L. Craig, 'Time and Infinity', *ibid.*, pp. 96-97.
9. William L. Craig, 'Philosophical and Scientific Pointers to Creatio ex Nihilo', in Geivett and Sweetman (eds), *Contemporary Perspectives*, p. 196.

10. Ver St Thomas Aquinas, *Summa Theologica,* Part 1, Question 2, Article 3, in Anton Pegis (ed.), *Introduction to St. Thomas Aquinas* (New York: Random House, 1945), pp. 24-27; ver, também, *Summa Contra Gentiles,* Part 1, chapters 9-14, in Ralph McInerny (ed.), *Thomas Aquinas: Selected Writings* (Harmondsworth: Penguin, 1998), pp. 243-256.
11. Thomas Aquinas, *Summa Theologica,* Part 1, Question 2, Article 3, in Pegis (ed.), *Introduction to St. Thomas Aquinas,* pp. 25-6.
12. Ver Frederick Copleston, *Aquinas* (Harmondsworth: Pelican, 1975), pp. 121ff.
13. Ver Dallas Willard, 'The Three-Stage Argument for the Existence of God', in Geivett and Sweetman (eds), *Contemporary Perspectives,* p. 214.
14. Richard Taylor, *Metaphysics* (Englewood Cliffs, NJ: Prentice Hall, 1963), p. 93.
15. Ver o famoso debate de Russell com Copleston sobre a existência de Deus, in Bertrand Russell, *Why I Am Not a Christian* (London: George Allen & Unwin, 1957), pp. 133-153.
16. William Rowe, *Philosophy of Religion* (Belmont, CA: Wadsworth, 2001), pp. 26-28.
17. Ver William Paley, *Natural Theology* (New York: Oxford University Press, 2006).
18. Dallas Willard, 'The Three-Stage Argument for the Existence of God', in Geivett and Sweetman (eds), *Contemporary Perspectives,* p. 219.
19. Richard Swinburne, *The Existence of God* (Oxford: Clarendon Press, 1991), pp. 138-139.
20. Charles Taliaferro, *Contemporary Philosophy of Religion* (New York: Blackwell, 1998), p. 365.
21. Ver Richard Swinburne, 'The Argument from Design', in Geivett and Sweetman (eds), *Contemporary Perspectives,* pp. 201-211.
22. Ver Stephen J. Gould, *Wonderful Life: The Burgess Shale and the Nature of History* (New York: Norton, 1990).
23. Richard Dawkins, *The Blind Watchmaker* (New York: Norton, 1987), p. 6.
24. Ver Hawking, *A Brief History of Time,* p. 121, p. 125.
25. Martin, *Atheism,* p. 133.
26. J.J.C. Smart and J.J. Haldane, *Atheism and Theism* (Oxford: Blackwell, 1996), p. 18.

CAPÍTULO 3

1. Anselm, *Proslogion* (trans. and ed. Max Charlesworth), *St. Anselm's Proslogion* (Oxford: Clarendon Press, 1965), p. 115.
2. *Ibid.,* p. 103.
3. Anselm, *Proslogion* (trans. by A.C. McGill), in John Hick and A.C. McGill (eds), *The Many-Faced Argument* (New York: Macmillan, 1967), p. 4. Este volume também inclui *Reply on Behalf of the Fool* [Resposta em favor do insensato], de Gaunilo, a *Reply* [Resposta] de Anselmo a Gaunilo, assim como muitos ensaios contemporâneos sobre o debate.
4. *Ibid.,* p. 5.
5. Gaunilo's *Reply on Behalf of the Fool,* in Charlesworth (ed.), p. 23.
6. Immanuel Kant, *Critique of Pure Reason,* trans. N.K. Smith (London: Macmillan), p. 505.

7. Ver Norman Malcolm, 'Anselm's Ontological Arguments', in Hick and McGill (eds), *The Many-Faced Argument*, pp. 301-321.
8. Ver Hick and McGill (eds), *The Many-Faced Argument*, pp. 341-356.
9. Malcolm, 'Anselm's Ontological Arguments', in *The Many-Faced Argument*, p. 312.
10. Ver Charles Hartshorne, 'The Necessarily Existent', in Alvin Plantinga (ed.), *The Ontological Argument* (New York: Doubleday, 1965), pp. 123-35.
11. Ver, também, sobre esse assunto, Thomas Morris, *Anselmian Reflections: Essays in Philosophical Theology* (Notre Dame, IN: Notre Dame University Press, 1987).
12. Kant, *Critique of Pure Reason*, trans. Smith, p. 502.
13. Ver Immanuel Kant, *Critique of Practical Reason*, trans. W.S. Pluhar (Indianapolis, IN: Hackett, 2002), p. 115.
14. *Ibid.*, p. 158.
15. Ver C.S. Lewis, *Mere Christianity* (San Francisco: HarperSanFrancisco, 2001), Book 1.
16. Charles Taliaferro, *Contemporary Philosophy of Religion* (Malden, MA: Blackwell, 1998), p. 370.
17. Ver o ensaio de Hume, 'Of Miracles', in *Enquiry Concerning Human Understanding*, trans. L.A. Selby-Bigge (London: Oxford University Press, 1902).
18. Ver R.F. Holland, 'The Miraculous', in Richard Swinburne (ed.), *Miracles* (New York: Prentice Hall, 1989).
19. Como exemplo, ver Stephen T. Davies, *Risen Indeed: Making Sense of the Resurrection* (Grand Rapids, MI: Eerdmans, 1993).
20. Ver Michael Martin, *The Case against Christianity* (Philadelphia, PA: Temple University Press, 1991), ch. 3, esp. p. 96ff.
21. Ver Alvin Plantinga, 'Is theism really a miracle?', *Faith & Philosophy* (1986) vol. 3, pp. 109-134.

CAPÍTULO 4

1. Existem muitos livros excelentes sobre o tema geral da natureza de Deus. Aqui, uma amostra: Thomas V. Morris, *Our Idea of God* (Notre Dame, IN: University of Notre Dame Press, 1991); Richard Swinburne, *The Coherence of Theism* (Oxford: Clarendon Press, 1986); William Alston, *Divine Nature and Human Language* (Ithaca, NY: Cornell University Press, 1989); David Burrell, *Knowing the Unknowable God: Ibn-Sina, Maimonides, Aquinas* (Notre Dame, IN: University of Notre Dame Press, 1986); Stephen T. Davies, *Logic and the Nature of God* (New York: Macmillan, 1983); Richard Gale, *On the Nature and Existence of God* (Cambridge: Cambridge University Press, 1991); Ronald H. Nash, *The Concept of God* (Grand Rapids, MI: Zondervan, 1983).
2. Para mais detalhes sobre a analogia, no que se aplica à natureza de Deus, ver Ralph McInerny, *Aquinas and Analogy* (Washington, DC: Catholic University of America Press, 1998).
3. Ver Thomas Aquinas, *Summa Theologica,* Part 1, Questions 3-25 (New York: Benziger Brothers, 1947), pp. 14-141.
4. Para uma excelente discussão dos pontos de vista de São Tomás sobre esse e outros assuntos, ver Brian Davies, *The Thought of Thomas Aquinas* (Oxford: Clarendon Press, 1992).

5. Ver Swinburne, *The Coherence of Theism*; e Alvin Plantinga, *Does God have a Nature?* (Milwaukee: Marquette University Press, 1980).
6. Ver Charles Hartshorne, *Omnipotence and Other Theological Mistakes* (New York: State University of New York Press, 1983); ver, também, John B. Cobb and David Ray Griffin, *Process Theology: An Introductory Exposition* (Philadelphia: Westminister Press, 1976).
7. Ver Richard Swinburne, *Is there a God?* (New York: Oxford University Press, 1996), p. 45.
8. Para mais informações sobre visões de Deus na Bíblia, ver J.N.D. Kelly, *Early Christian Doctrines* (London: Continuum, 2000).
9. Ver Thomas Aquinas, 'How the Omnipotent God is Said to be Incapable of Certain Things', in Eleonore Stump and Michael J. Murray (eds), *Philosophy of Religion: The Big Questions* (Malden, MA: Blackwell, 1999), pp. 7-9.
10. *Ibid.*, p. 8.
11. Samuel Clarke, *Works: British Philosophers and Theologians of the 17th and 18th Centuries* (New York: Garland Press, 1978), vol. IV, p. 717.
12. Para mais informações sobre esse paradoxo, ver os artigos em Alfred Freddoso (ed.), *The Existence and Nature of God* (Notre Dame, IN: University of Notre Dame Press, 1983); e Richard Swinburne, *The Coherence of Theism*, ch. 9.
13. Para um bom enunciado desse ponto de vista, ver Augustine, *The Confessions* (New York: Oxford, 1998), Book 11.
14. Para saber mais sobre a visão hindu de Deus, ver Huston Smith, *The World's Religions* (San Francisco: HarperSanFrancisco, 1991), ch. 2.

CAPÍTULO 5

1. David Hume, *Dialogues Concerning Natural Religion* (New York: Bobbs-Merrill, 1947), p. 198. Para uma resposta clássica ao problema do mal, ver G.W. Leibniz, *Theodicy*, ed. A. Farrer (New Haven: Yale University Press, 1952).
2. Ver J.L. Mackie, 'Evil and Omnipotence', in Marilyn McCord Adams and Robert Adams (eds), *The Problem of Evil* (New York: Oxford University Press), pp. 25-27; ver, também, Mackie, *The Miracle of Theism*, ch. 9, para uma modificação de seu ponto de vista.
3. Ver William Rowe, 'The Problem of Evil and Some Varieties of Atheism', in R. Douglas Geivett and Brendan Sweetman (eds), *Contemporary Perspectives on Religious Epistemology* (New York: Oxford University Press), pp. 33-12.
4. Ver Alvin Plantinga, *God, Freedom and Evil* (Grand Rapids, MI: Eerdmans, 1976), part 1; ver, também, Michael Peterson, *Evil and the Christian God* (Grand Rapids, MI: Baker, 1982), p. 103. Para outros estudos excelentes sobre o problema geral do mal, ver Michael Peterson, *God and Evil: An Introduction to the Issues* (Boulder, CO: Westview, 1988); James Petrik, *Evil Beyond Belief* (Armonk, NY: M.E. Sharpe, 2000); R. Douglas Geivett, *Evil and the Evidence for God* (Philadelphia, PA: Temple University Press, 1993).
5. Ver as reflexões de C.S. Lewis sobre o problema do mal em *The Problem of Pain* (New York: Macmillan, 1962).

6. Ver Santo Agostinho, *City of God,* trans. Henry Bettenson (Middlesex: Penguin, 1972), xii, sections 6-7; ver, também, seu *Enchiridion* (Washington, DC: Gateway Editions, 1996), section 8.
7. Ver Alvin Plantinga, *The Nature of Necessity* (Oxford: Clarendon, 1974), pp. 191ff.; também reimpresso como 'God, Evil and the Metaphysics of Freedom', in Adams and Adams (eds), *The Problem of Evil,* pp. 83-109.
8. Ver William Alston, 'The Inductive Argument from Evil and the Human Cognitive Condition', in Daniel Howard-Synder (eds), *The Evidential Argument from Evil* (Bloomington, IN: Indiana UP, 1996), pp. 97-125.
9. John Hick, *Evil and the God of Love* (New York: Harper and Row, 1966), p. 361.
10. John Hick, 'An Irenaean Theodicy', in Stephen T. Davis (ed.), *Encountering Evil: Live Options in Theodicy* (Atlanta, GA: John Knox Press, 1981), p. 44.
11. *Ibid.,* p. 52.
12. C.S. Lewis, *The Problem of Pain,* p. 32. Ver, também, David Basinger, 'Evil as Evidence against God's Existence', in Michael Peterson (ed.), *The Problem of Evil* (Notre Dame, IN: University of Notre Dame, 1992), pp. 177ff.
13. Ver Richard Swinburne, 'Some Major Strands of Theodicy', in Daniel Howard-Synder (eds), *The Evidential Argument from Evil,* pp. 30-48; também, Eleonore Stump, 'Aquinas on the Sufferings of Job', no mesmo volume, pp. 49-68.
14. H.J. McCloskey, 'God and Evil', *Philosophical Quarterly,* vol. 10 (1960), pp. 97-114.

CAPÍTULO 6

1. St John of the Cross, Stanza II of *Living Flame of Love* in St John of the Cross, *Collected Works,* trans. K. Kavanaugh, O.C.D. and Otilio Rodriquez, O.C.D. (Washington, DC: ICS, 1991), p. 664.
2. *The Life of Teresa of Jesus,* ed. and trans. E. Allison Peers (New York: Doubleday, 1960), p. 249.
3. Ver Rudolf Otto, *The Idea of the Holy* (Oxford: Oxford University Press, 1958).
4. Para um exemplo de outra visão fideísta que difere da epistemologia reformada e que, além de negar que a crença em Deus exija prova, oferece uma reinterpretação radical da linguagem e do sentido religiosos, ver D.Z. Phillips, *Faith and Philosophical Enquiry* (London: Routledge, 1970); e *Faith after Foundationalism* (Boulder, CO: Westview, 1988).
5. Ver Alvin Plantinga, 'Is Belief in God Properly Basic?', in R. Douglas Geivett and Brendan Sweetman (eds), *Contemporary Perspectives on Religious Epistemology* (Oxford: Oxford University Press, 1992), pp. 133-141; também A. Plantinga and N. Wolterstorff (eds), *Faith and Rationality: Reason and Belief in God* (Notre Dame, IN: University of Notre Dame Press, 1983).
6. Plantinga, 'Is Belief in God Properly Basic?', in Geivett and Sweetman (eds), *Contemporary Perspectives,* p. 135.
7. Para algumas reflexões críticas sobre Plantinga e as visões de Alston, ver Stewart Goetz, 'Belief in God Is Not Properly Basic', in Geivett and Sweetman (eds), *Contemporary Perspectives,* pp. 168-177; também Phillip Quinn, 'In Search of the Foundations of Theism', *Faith and Philosophy,* 2 (1985), pp. 469-486; e Richard Gale, *On the Nature and Existence of God* (Cambridge: Cambridge University Press, 1991), ch. 8.

8. Ver William Alston, 'Religious Experience and Religious Belief', in Geivett and Sweetman (eds), *Contemporary Perspectives*, pp. 295-303; e, também, sua obra *Perceiving God* (Ithaca, NY: Cornell University Press, 1991).
9. Plantinga, 'Is Belief In God Properly Basic?', in Geivett and Sweetman (eds), *Contemporary Perspectives*, p. 140.
10. Ver Wayne Proudfoot, *Religious Experience* (Berkeley, CA: University of California Press, 1985).
11. Ver 'The Rationality of Religious Belief', in Geivett and Sweetman (eds), *Contemporary Perspectives*, pp. 304-319; ver, também, a sua obra *An Interpretation of Religion: Human Responses to the Transcendent* (London: Macmillan, 1989).
12. Ver Nelson Pike, *Mystic Union* (Ithaca, NY: Cornell University Press, 1992), p. 32, no qual ele diz que esse tipo de experiência é em que "Deus é experimentado como um não eu que se coloca em contraste ao sujeito que experimenta".
13. Ver Richard Swinburne, *The Existence of God* (Oxford: Clarendon Press, 1991), pp. 254ff.

CAPÍTULO 7

1. Ver Richard Blackwell, *Science, Religion and Authority: Lessons from the Galileo Affair* (Milwaukee: Marquette University Press, 1998). Devo muito ao excelente estudo do professor Blackwell sobre ciência e religião em minha exposição sobre Santo Agostinho e as ideias de Galileu, na primeira parte deste capítulo.
2. *Ibid.*, p. 25.
3. Ver Stanley L. Jaki, *The Road of Science and the Ways to God* (Chicago: University of Chicago Press, 1978).
4. Algumas obras representativas incluem: Francis Crick, *The Astonishing Hypothesis* (New York: Touchstone, 1995); Carl Sagan, *Cosmos* (New York: Random House, 1983); Steven Weinberg, *Dreams of a Final Theory* (New York: Pantheon, 1992); e Richard Dawkins, *The Blind Watchmaker: Why the Evidence of Evolution Reveals a Universe Without Design* (New York: Norton, 1987).
5. A evolução pode ser um tema difícil. Uma visão introdutória muito boa sobre os principais pontos da teoria é: Carl Zimmer, *Evolution* (New York: HarperCollins, 2001); ver, também, Ernst Mayr, *What Evolution Is* (New York: Basic Books, 2002), e Stephen J. Gould, *Wonderful Life: The Burgess Shale and the Nature of History* (New York: Norton, 1990).
6. Ver Michael Behe, *Darwin's Black Box* (New York: Free Press, 1996); William Dembski, *Intelligent Design* (Downer's Grove, IL: InterVarsity, 1999). Para críticas à teoria do desígnio inteligente, ver Kenneth Miller, *Finding Darwin's God* (New York: HarperCollins, 1999); e o debate em William Dembski and Michael Ruse (eds), *Debating Design: From Darwin to DNA* (Cambridge: Cambridge University Press, 2004).
7. Ver Philip Johnson, *Darwin on Trial* (Downer's Grove, IL: InterVarsity, 1993); para uma crítica de Johnson, ver o livro de Miller, anteriormente citado.
8. Para outras excelentes discussões sobre a relação entre religião e ciência, ver Ian Barbour, *Religion and Science* (San Francisco: HarperCollins, 1997 rev. ed.); e John Haught, *Responses to 101 Questions on God and Evolution* (New Jersey: Paulist Press, 2001).

9. Para mais informações sobre os temas discutidos nesta seção, ver *Mind: Key Concepts in Philosophy* (London: Continuum, 2005); E.J. Lowe, *An Introduction to the Philosophy of Mind* (Cambridge: Cambridge University Press, 2000); Stanley Jaki, *Minds, Brains and Computers* (New York: Regnery, 1989); John Searle, *Minds, Brains and Science* (Cambridge, MA: Harvard University Press, 1986); John Heil (ed.), *Philosophy of Mind: A Guide and Anthology* (New York: Oxford, 2004); Ric Machuga, *In Defense of the Soul* (Grand Rapids, MI: Brazos Press, 2002); e Paul Edwards (ed.), *Immortality* (Amherst, N.Y: Prometheus Books, 1997).

CAPÍTULO 8

1. Para excelentes introduções às questões levantadas pelo problema do pluralismo religioso, ver Mortimer Adler, *Truth in Religion* (New York: Macmillan, 1990); John Hick, *God and the Universe of Faiths* (London: Macmillan, 1977); S. Mark Heim, *Salvations: Truth and Difference in Religion* (Maryknoll, NY: Orbis Books, 1995); e Phillip L. Quinn and Kevin Meeker (eds), *The Philosophical Challenge of Religious Diversity* (New York: Oxford University Press, 2000).
2. Ver Karl Barth, *Church Dogmatics*, Vol. 1 (Edinburgh: T & T Clark, 1956).
3. Ver Dennis L. Okholm and Timothy R. Phillips (eds), *Four Views on Salvation in a Pluralist World* (Grand Rapids, MI: Zondervan, 1996).
4. Para uma discussão sobre a lógica do exclusivismo, ver 'A Defense of Religious Exclusivism', in Phillip L. Quinn and Kevin Meeker (eds), *The Philosophical Challenge of Religious Diversity*, pp. 172-192.
5. Ver John Hick, *God and the Universe of Faiths* (London: Macmillan, 1977).
6. Ver Peter Byrne, 'A Religious Theory of Religion', *Religious Studies*, vol. 27 (1991), pp. 121-132; também sua obra *Prolegomena to Religious Pluralism* (Basingstoke: Palgrave Macmillan, 1995).
7. Ver Jacques Maritain, *The Degrees of Knowledge*, trans. G. Phelan (New York: Charles Scribner's Sons, 1959); Karl Rahner, 'Christians and the Non-Christian Religions', in John Hick and Brian Hebblethwaite (eds), *Christianity and Other Religions* (Oxford: OneWorld, 2001), pp. 19-38.

Guia para outras leituras

- Adams, Marilyn McCord and Robert Adams (eds), *The Problem of Evil* (New York: Oxford University Press, 1990).
- Adler, Mortimer, *Truth in Religion* (New York: Macmillan, 1990).
- Augustine, St, *The Confessions* (New York: Oxford, 1998).
- Barbour, Ian, *Religion and Science* (San Francisco: HarperCollins, 1997 rev. edn).
- Behe, Michael, *Darwin's Black Box* (New York: Free Press, 1996).
- Blackwell, Richard, *Science, Religion and Authority: Lessons from the Galileo Affair* (Milwaukee: Marquette University Press, 1998).
- Cahn, Steven and David Shatz, *Questions about God. Today's Philosophers Ponder the Divine* (New York: Oxford University Press, 2002).
- Cobb and David Ray Griffin, *Process Theology: An Introductory Exposition* (Philadelphia: Westminster Press, 1976).
- Copleston, Frederick, *Aquinas* (Harmondsworth: Pelican, 1975).
- Craig, William, L., *The Kalām Cosmological Argument* (Eugene, OR: Wipf and Stock, 1979).
- _____ and Q. Smith, *Theism, Atheism and Big Bang Cosmology* (Oxford: Clarendon Press, 1993).
- Davies, Brian, *The Thought of Thomas Aquinas* (Oxford: Clarendon Press, 1992).
- Davies, Stephen, T., *Risen Indeed: Making Sense of the Resurrection* (Grand Rapids, MI: Eerdmans, 1993).
- Dawkins, Richard, *The Blind Watchmaker* (New York: Norton, 1987).
- Dembski, William, *Intelligent Design* (Downer's Grove, IL: InterVarsity, 1999).
- Freddoso, Aldred (ed.), *The Existence and Nature of God* (Notre Dame, IN: University of Notre Dame Press, 1983).
- Gale, Richard, *On the Nature and Existence of God* (Cambridge: Cambridge University Press, 1991).
- Geivett, R. Douglas, *Evil and the Evidence for God* (Philadelphia, PA: Temple University Press, 1993).
- _____ and Brendan Sweetman (eds), *Contemporary Perspectives on Religious Epistemology* (New York: Oxford University Press, 1992).
- Green, Joel B. and Stuart L. Palmer (eds), *In Search of the Soul: Four Views of the Body-Mind Problem* (Downer's Grove, IL: InterVarsity, 2005).
- Hancock, Curtis L. and Brendan Sweetman (eds), *Faith and the Life of the Intellect* (Washington, DC: Catholic University of America Press, 2003).
- Hartshorne, Charles, *Omnipotence and Other Theological Mistakes* (New York: State University of New York Press, 1983).

- Heim, S. Mark, *Salvations: Truth and Difference in Religion* (Maryknoll, NY: Orbis Books, 1995).
- Hick, John, *An Interpretation of Religion: Human Responses to the Transcendent* (London: Macmillan, 1989).
- _____ *Evil and the God of Love* (New York: Harper and Row, 1966).
- _____ *God and the Universe of Faiths* (London: Macmillan, 1977).
- _____ and A.C. McGill (eds), *The Many-Faced Argument* (New York: Macmillan, 1967).
- Hume, David, *Dialogues Concerning Natural Religion* (New York: BobbsMerrill, 1947).
- Jaki, Stanley, L., *The Road of Science and the Ways to God* (Chicago: University of Chicago Press, 1978).
- Lewis, C.S., *The Problem of Pain* (New York: Macmillan, 1962).
- Machuga, Ric, *In Defense of the Soul* (Grand Rapids, MI: Brazos Press, 2002).
- Mackie, John, *The Miracle of Theism* (Oxford: Oxford University Press, 1982).
- Martin, Michael, *Atheism: A Philosophical Justification* (Philadelphia: Temple University Press, 1990).
- McInerny, Ralph (ed.), *Thomas Aquinas: Selected Writings* (Harmondsworth: Penguin, 1998).
- Miller, Kenneth, *Finding Darwin's God* (New York: HarperCollins, 1999).
- Morris, Thomas, *Our Idea of God* (Notre Dame, IN: University of Notre Dame Press, 1991).
- Okholm, Dennis L. and Timothy R. Phillips (eds), *Four Views on Salvation in a Pluralist World* (Grand Rapids, MI: Zondervan, 1996).
- Otto, Rudolf, *The Idea of the Holy* (Oxford: Oxford University Press, 1958).
- Petrik, James, *Evil Beyond Belief* (Armonk, NY: M.E. Sharpe, 2000).
- Phillips, D.Z., *Faith and Philosophical Enquiry* (London: Routledge, 1970).
- Pike, Nelson, *Mystic Union* (Ithaca, NY: Cornell University Press, 1992).
- Plantinga, *God, Freedom, and Evil* (Grand Rapids, MI: Eerdmans, 1976).
- _____ and N. Wolterstorff (eds), *Faith and Rationality: Reason and Belief in God* (Notre Dame, IN: University of Notre Dame Press, 1983).
- Proudfoot, Wayne, *Religious Experience* (Berkeley, CA: University of California Press, 1985).
- Quinn, Phillip, and Kevin Meeker (eds), *The Philosophical Challenge of Religious Diversity* (New York: Oxford University Press, 2000).
- _____ and Charles Taliaferro (eds), *A Companion to Philosophy of Religion* (Oxford: Blackwell, 1999).
- Sagan, Carl, *Cosmos* (New York: Random House, 1983).
- Searle, John, *Minds, Brains and Science* (Cambridge, MA: Harvard University Press, 1986).
- Smart, J.J.C. and J.J. Haldane, *Atheism and Theism* (Oxford: Blackwell, 1996).
- Smith, Huston, *The World's Religions* (San Francisco: HarperSanFrancisco, 1991).
- Stump, Eleonore and Michael Murray (eds), *Philosophy of Religion: The Big Questions* (Oxford: Blackwell, 1999).
- Swinburne, Richard, *The Existence of God* (Oxford: Clarendon Press, 1991).
- _____ *Is there a God?* (New York: Oxford University Press, 1996).
- _____ *The Coherence of Theism* (Oxford: Clarendon Press, 1986).
- _____ (ed.), *Miracles* (New York: Prentice Hall, 1989).
- Taliaferro, Charles, *Contemporary Philosophy of Religion* (New York: Blackwell, 1998).
- Zagzebski, Linda, *The Dilemma of Freedom and Foreknowledge* (New York: Oxford University Press, 1996).
- Zimmer, Carl, *Evolution* (New York: HarperCollins, 2001).

Índice

A

Abominable Snowman Worship Society (Sociedade de Culto ao Abominável Homem das Neves) 12-13
Adams, Marilyn 172 n. 2
Adams, Robert 172 n. 2
Adler, Mortimer 175 n. 1
Agostinho, Santo 20-21, 25-26, 53, 74-75, 81, 85-86, 96-101, 122-128, 137, 145
al-Ghazali 169 n. 1
al-Kindi 169 n. 1
alma 13-14, 62-63, 87-88, 102, 124, 142-143, 146, 157-158
Alston, William 102, 110-119
Anaximandro 122
Anselmo, Santo 19-20, 53, 62-63
antirrealismo 122-123, 163-164
apologética 16-17
Aquino, São Tomás de 20-24, 29-31, 59-62, 67, 74-75, 80-86, 103-104, 122
argumento *a posteriori* 54-55
argumento *a priori* 54-55
argumento antrópico 49-50
argumento baseado no desígnio 36-37, 49-50
   sentido do, 37-38
argumento cosmológico 22-23, 36-37
argumento cumulativo 65-66
argumento da fé científica 149
argumento kalām 23-24, 30-31

argumento moral 61-62
argumento ontológico 53, 61-62
argumento teleológico 36-37, 49-50
Aristóteles 14-15, 37-42, 62-63, 67, 74, 103-104, 133
astrofísica 49-50, 124, 131
astronomia 49-50, 124
ateísmo 130-131, 164-165
   ateísmo negativo 17-18
   ateísmo positivo 17-18
   ateu em relação a Deus 16-17
   ateu em relação à Igreja 16-17

B

Barbour, Ian 175 n. 8
Barth, Karl 156-157
Basinger, David 173 n. 12
Behe, Michael 139
Bellarmino, Cardeal 128
Bernardo de Claraval, São 80, 107
Bhagavad Gita 87-88
Bíblia 9-10, 16-17, 80, 128-129, 133, 137-143, 157-158
biologia 39-40, 139-17-18
bioquímica 131
Blackwell, Richard 122, 127
Boaventura, São 23-26, 30-32
Boécio 85-86
Boyle, Robert 130
budismo 86-88, 153
Burrell, David 171 n. 1
Byrne, Peter 175 n. 6

Índice

C

Calvino, João 110
causa local 16-25-26
causa última 16-25-26
ceticismo 153, 163-164
ciência 18-21, 29-30, 38-42
    e religião 124, 151-152
    leis da (*ver* leis da física)
cinco vias 31-32
Clarke, Samuel 81
Cobb, John 172 n. 6
compatibilismo 149-150
confucionismo 86-87, 153
conhecimento intermediário 160
consciência 124, 142-143, 146-48
contingente, existência 30-31, 57-58, 74
Copérnico, Nicolau 127
Copleston, Frederick 32-33
Craig, William Lane 30-33
crença religiosa, racionalidade da 10-13
crenças que regulam a vida 13-14
    compromisso com 19-20
criacionismo 122, 138
Crick, Francis 43, 130, 142-143
cristianismo 14-15, 74, 86-88, 130, 153, 165-166
    e ciência 122, 130

D

Darwin, Charles 41-42, 49-50, 132
darwinismo 67-68
Davies, Brian 21, 172 n. 4
Davies, Stephen T. 171 n. 19
Dawkins Richard 43, 48-50, 130, 142-144
defesa do livre-arbítrio 96-97
Dembski, William 139
Demócrito 122
Descartes, René 53, 111, 147, 148
desígnio inteligente 138-17-18
Deus, natureza de 73-84
    bondade da 90, 93
    como eterna 74
    como perfeita 74
    do teísmo 36-37
    e analogia 74
    e mudança 78
    onipotência da 30-31, 55, 80, 90-94
    onisciência da 55, 83, 90
    presciência de 83
    sofrimento da 77
    visão clássica da 74-80
Dostoiévski, Fiódor 92
Draper, Paul 27
dualismo 147

E

Edwards, Paul 169 n. 5, 175 n. 9
Einstein, Albert 40-41
ente necessário 30-33, 57-61
epistemologia 106, 110, 118-119, 163-164
epistemologia reformada 110-119
espiritualidade 22-23
eternidade 35, 58-59, 88
evolução, teoria da 17-19, 41-42, 47-50, 67-68, 124, 129, 131
    cósmica 142-143
experiência religiosa
    argumento contemporâneo baseado em 110-119
    argumento tradicional baseado em 108
    definição de 106
experiências de quase-morte 151-152

F

fé 18-20
    e razão 18-21
felicidade 62-63, 94, 108, 155
fenômeno e númeno 161
Ferm, Vergilius 12-13
filosofia da religião 16-20, 23-24, 155
filosofia medieval 20-21
Francisco de Assis, São 68-69, 107
Freddoso, Alfred 172 n. 12
fundacionalismo clássico 111
Furton, Edward 21

G

Gale, Richard 172 n. 1
Galileu 127-26-27, 130
Gaunilo 55-17-18
Geivett, Douglas 21, 169 3, 173 n. 3, n. 4

Gênesis, Livro do 122, 137, 145
genética 18-19, 124, 131, 137
geocentrismo 127-128
Gould, Stephen J. 48, 130, 142-143
Griffin, David Ray 172 n. 6

H

Haldane, J.J. 170 n. 26
Hancock, Curtis 21
Hartshorne, Charles 53, 59-60, 79
Haught, John 175 n. 8
Hawking, Stephen 49-50
Heil, John 175 n. 9
Heim, S. Mark 175 n. 1
heliocentrismo 127
Heráclito 122
Hick, John 58-59, 85-86, 96-100, 102, 109, 118-119, 161
hinduísmo 86-88, 153
Holland, R.F. 69-70
Homo sapiens 124, 134, 142-143
Howard-Synder, Daniel 173 n. 8
Hoyle, Fred 50-51
humanismo secular 131
Hume, David 44, 61-62, 68-71, 90
Huxley, Thomas 49-50

I

Idade Média 14-16, 31-32
identidade pessoal 147, 150-151
imortalidade 13-14, 88, 146, 162-163
inferência à melhor explicação 65-66, 98-99, 145
infinito 25-27
intencionalidade, argumento baseado na 149
Irineu, São 99-102
irmãos Karamazov, Os 92
islamismo 14-16, 74, 86-87, 153

J

Jaki, Stanley 130
James, William 13-14, 35-36
Jesus 68-72, 80, 107-109, 154, 163-166
João da Cruz, São 107
João Paulo II 128

Johnson, Phillip 141
judaísmo 14-15, 74, 86-87, 153

K

Kant, Immanuel 54-57, 60-62, 118-119, 122-123, 161-164
Kelly, J.N.D. 172 n. 9
Kepler, Johannes 39-41, 130

L

lei da conservação de energia 28
lei natural 167
Leibniz, G.W. 35, 53
leis da física 38-39, 43, 48, 68-69, 103, 144
Levinas, Emmanuel 79
Lewis, C.S. 61-65, 98-99, 103-104
liberdade 83-14-15
livre-arbítrio 13-14, 67, 84, 96-97, 100-101, 104-105, 149-150, 161
livre-arbítrio, argumento baseado no 149-150
Locke, John 68-69, 111
Lutero, Martinho 129

M

Machuga, Ric 175 n. 9
Mackie, J.L. 91, 95, 96-97
macroevolução 134, 139
mal 89, 104-105
    como privação 100-101
    como punição pelo pecado 102
    gratuito 94
    moral 90, 96-97
    natural 90, 97-98, 102
    problema do 47-48, 90
    problema lógico do 91, 97-98
    versão evidencial do problema do 92-93
    versão existencial do problema do 93
Malcolm, Norman 53-61
Maomé 163-164
Maritain, Jacques 165-166
Martin, Michael 50-51, 71-72
marxismo 10-11
matemática 22-23, 26-27, 39-40

matéria, natureza da 25-26, 43, 75,
    122, 144, 149-150
materialismo 147-15
Matthews, Eric 175 n. 9
Mayr, Ernst 175 n. 5
McCloskey, H. J. 104-105
McGill, A.C. 170 n. 3
McInerny, Ralph 170 n. 10, 172 n. 2
Meeker, Kevin 175 n. 1
mente, filosofia da 147
mente, natureza da 147
microevolução 134
milagres, argumento baseado cm 68-72
Miller, Stanley 142-143
Moisés 107
Molina, Luís de 161
molinismo 161
monoteísmo 14-15, 34
moralidade 9-10, 13-14, 22-23, 61-62,
    145, 149-150 ver também relativismo
Morris, Thomas 171 n. 11
mudança 31-32, 44, 75-80, 85-86, 122
mundo fenomênico 118-119, 122-123
mundo numênico 118-119, 122-123
Murray, Michael 172 n. 9

N

Nash, Ronald, 172 n. 1
naturalismo 15-18, 71-72, 130, 139,
    141, 147
    metafísico 142-145
    metodológico 141-145
natureza humana 13-14, 67, 132, 168
Navalha de Ockham 34, 47-48
neurologia 18-19, 21
Newman, John Henry 61-62
Newton, Isaac 39-41, 130
Nietzsche, Friedrich 65-66
númeno 108

O

objetivismo moral (e ordem moral
    objetiva) 61-62, 97-98
obrigações morais 62-63
Ohm, Georg 39-41
Okholm, Dennis 175 n. 3

oração 9-10, 13-14, 78
Otto, Rudolf 108, 120-121

P

Padre Pio 70-71
Paley, William 37-38, 41-43, 133
paradoxo da pedra 82
Parmênides 122
Paulo, São 107, 117-118
perdão 78, 86-87
Peterson, Michael 96-97, 173 n. 4
Petrik, James 173 n. 4
Phillips, D.Z. 174 n. 4
Phillips, Timothy 175 n. 3
Pike, Nelson 120-121, 174 n. 12
Pitágoras 122
Plantinga, Alvin 61-62, 71-72, 96-97,
    100-101, 110-122
Platão 14-15, 74, 103-104, 147
politeísmo 14-15
possibilidade lógica 81
pré-socráticos 122
primeira lei da termodinâmica 28
princípio da credulidade 120-121
projeto genoma humano 124
propriedades, argumento baseado em
    148
Proudfoot, Wayne 116, 174 n. 10
Ptolomeu 127

Q

Queda do homem 100-101
química 39-40
Quinn, Phillip, 174, n. 7

R

Rahner, Karl 165-166
Ramanuja 87-88
razão 20-21
razão suficiente, princípio da 35
reencarnação 17-18, 87-88, 103, 150-
    151, 155-156
relativismo 41-42, 113, 122-123, 153,
    164-165
    moral 67, 164-167
religião e ciência 124-48

religiões orientais 14-15, 73, 86-87, 107, 130, 150-151
ressurreição 68-69, 71-72, 150-151, 154
Rowe, William 35, 92, 93-14-15
Ruse, Michael 175, n. 6
Russell, Bertrand 35

S

Sagan, Carl 130, 140-143
salvação 85-88, 103, 146, 150-151, 154
Searle, John 175 n. 9
secularismo 10-11, 15-20, 49-50, 62-63, 67-68, 130, 154, 166-167
segunda lei da termodinâmica 25-26
seleção natural 32-33, 43, 133
Shankara 87-88
Smart, J.C.C. 51-52, 170, n. 26
Smart, Ninian 13-14
Smith, Huston 172 n. 14
Smith, Quentin 28
sobrevivência do mais apto 43, 134
Stump, Elenore 172 n. 9
Sweetman, Brendan 169 n. 3, 173 n. 3
Swinburne, Richard 38-41, 45, 80, 99-100, 103-104, 109, 120-121

T

Taliaferro, Charles 44, 67-68
taoísmo 86-87, 153
Taylor, Richard 35
teísmo 15-18, 65-66, 88, 97-99, 139, 145
teísmo clássico 14-15, 74-80
teísmo de processo 79-80
teleologia 31-32, 37-38, 41-42, 48, 67-68, 144
tempo 33, 85-86
teodiceia 96-100, 104-105, 110
teodiceia de formação da alma 103
teologia 16-17, 75, 78, 102, 110, 122, 157-158, 164-165
teologia natural 23-24, 64-65, 97-98, 110, 112, 121-122, 157-158

teologia negativa 75, 77
teoria do *Big Bang* 17-18, 25-30, 35, 49-50, 69-70, 85-86, 144, 169 n. 4
teorias científicas 25-26, 44, 126, 140, 142-143
Teresa de Ávila, Santa 107

U

universo 15-18, 22-27, 37-38, 43, 118-119, 122, 127, 144, 149-150
 como fato bruto 35
 morte térmica do 26-27
 ver também argumento cosmológico
universos múltiplos 50-51
Upanixades 87-88
Urey, Harold 142-143

V

vida, natureza da 22-23
 origem da 142-143
vida após a morte 100-101, 150-152
virtudes morais 67
visão de mundo 11-13, 15-16, 18-19, 23-24, 132, 155, 160, 162-163
visão de mundo religiosa 9-16, 62-63, 116, 122, 146, 154

W

Weinberg, Steven 130
Whitehead, A.N. 79
Willard, Dallas 38-39
Wittgenstein, Ludwig 116
Wolterstorff, Nicholas 174 n. 5

X

xintoísmo 86-87

Z

Zimmer, Carl 175 n. 5